EDELTRAUD SCHMIDT

Edeltraud Schmidt   Ratingen 01/2010

EDELTRAUD SCHMIDT

MÄRCHEN

GESCHICHTEN

GEDICHTE

Herstellung und Verlag:

Books on Demand GmbH, Norderstedt

ISBN 9783839140116

Für meine geliebte Tochter Nadja,

meine Familie Markert,

meine Freunde und Bekannten,

meine Patienten,

meine Heimatstadt Ratingen,

meine zweite Heimat Schönecken in der Eifel,

meine Vorfahren der Sippe Wolfgarten (Eifel).

INHALT

VORWORT

Was verbindet unsere Zeiten, unsere Kulturen, unsere Generationen, Mittelalter, Industrialisierung, Neuzeit?

Was beflügelt uns in unserem tiefen Inneren? Was treibt uns voran?

Spannungen zwischen arm und reich, Unwissenheit, Dummheit, Klugheit, Reife, Jugend, Alter, Not und Überfluss, Liebe und Hass, Bitterkeit und Süße, Gläubigkeit und Fanatismus, Autorität und Machtgier, Anstand und Maßlosigkeit, Freiheitstreben und totalitäre Kontrolle.

Der aus diesen Themen entstehende Spannungsbogen setzt Impulse frei. Erzählungen, Märchen, Geschichten, Gedichte sind Spiegel dieser Ereignisse.

Entwicklungen und ihre Zyklen, die in der Vergangenheit über hunderte oder zig Jahre verliefen, laufen in immer schnelleren Rhythmen ab. Was heute geschieht, scheint morgen überholt. Vieles scheint völlig beliebig und austauschbar, bis in die intimsten Beziehungen. Was ist noch vorhersehbar, was planbar? Tiefgreifende Angst und Verunsicherung auf der einen Seite, Flucht in eine andere Welt auf der anderen.

Wie werden wir unsere Zukunft erleben?

Meine Generation ist gegen totalitäre Strukturen und totalitäres Denken aufgestanden. Es war eine ungeheuer kreative, bunte, jedoch auch sehr kritische Zeit, in der jedoch alles, was mühsam nach einem leidvollen Krieg aufgebaut, wieder zerstört zu werden drohte. Angst vor einem Atomkrieg, der unmittelbar bevorzustehen drohte, beherrschte auch unser Leben ebenso wie die Frage, ob man in diese Welt hinein noch Kinder gebären kann und wie diese glücklich leben könnten. Wir wollten Liebe, Glück und Freiheit für alle.

Fragen, die mich zu dieser Zeit beschäftigten, waren, wie dieses Dilemma zu lösen ist. Es war eine Zeit der Weltverbesserer und etliches ist wirklich besser geworden. Mir war klar, dass ich nicht die Welt verbessern kann. Meine persönliche Lösung war, meinen eigenen, kleinen, bescheidenen Beitrag zu leisten, so gut es mir möglich ist, das Bestmögliche in mir zu entwickeln und mir selbst treu zu bleiben. Meine Fantasie war und ist, dass unsere Welt wunderbar sein könnte, wenn jeder nur ein wenig auf seine Weise dazu beitragen würde. Ich liebe meine Freiheit und hoffe noch immer auf ein gutes Augenmaß bei den Beschränkungen, die uns allen trotzdem auferlegt sind und werden.

Die Moral, nach der wir leben, ist ein heikles Thema. Nicht Mangel an Geld allein macht uns arm, sondern Mangel an Liebe, Mitgefühl, Anteilnahme, Verweigerung von Möglichkeiten und des Zugangs zu Wissen. Menschen, die davon reden, das arme Menschen ein unwürdiges Leben führten, weil diese nicht eine bestimmte Kleidung trügen oder auf bestimmte Weise wohnten, am Konsum weniger Teilhabe hätten, weisen damit ihre eigene Armut aus, weil sie jenen damit die Würde nehmen. Armut ist, wenn zwar man Kinder gewollt oder ungewollt bekommt, ihnen aber keine gute Eltern sein will, wenn man die materielle Versorgung über die Liebe, Zeit, Zuwendung und Förderung stellt, wenn man das Haben über das Sein erhebt. Die Liebe, Zeit und Zuwendung für unsere Kinder sind der größte Schatz, den wir ihnen auf ihren Weg mitgeben können und hieraus mag sich alles andere ergeben. Arm ist, wenn man begabten Menschen den Zugang zu Entwicklungen und Wissen verwehrt, weil die finanziellen Hürden zu hoch sind. Wir befinden uns hier in einer unguten Entwicklung.

Die Generation vor mir hat erlebt, wie es ist, von heute auf morgen jegliche materielle Existenz zu verlieren und auch in unserer Zeit brodelt es gewaltig. Was geschieht, wenn der materielle Wohlstand zusammenbricht und wir nicht gelernt haben, Menschen würdig zu leben? Wie wenden wir unsere Fülle von Wissen an, zum eigenen Wohl und dem der Menschen, der Welt um uns herum oder über alles und jeden hinweg?

Jeder mag seine eigenen Schlüsse ziehen. Jeder Einzelne trägt seine eigene Verantwortung. Wenn es mir gelingt, nach bestem Wissen und Gewissen mit Freude und Anstand zu leben, habe ich gut gelebt. Entscheidungen können wir immer nur aus unserer Zeit heraus treffen, nach aktuellem Wissensstand. Die Zukunft wird uns zeigen, ob es richtig war.

Märchen, Geschichten, Gedichte geben unserer Seele und unserem Geist etwas mit auf der Reise durch die Zeiten. Was werden sie Ihnen mitgeben?

Der Dichter   (PROLOG)

Hereinspaziert, hereinspaziert,
in des Lebens Zirkuszelt,
groß und weit wie uns're Welt,
so ist dieses Lebenszelt.

Dichter sprach es und so ward es,
euch zu necken, zu entdecken,
euch zu kitzeln und zu witzeln,
euch zu foppen und zu kloppen,
auch mal lügen und euch trügen.

Wen es traf, den traf es recht.
Denkt von mir nicht allzu schlecht.
Denn das Rechte hier zu wagen,
manchen ließ das schon verzagen.
Hält es euren Geist doch wach.
Schaut doch nur, wer denkt da nach?

Lasst euch berühren, euch verführen,
durch des Reimes süßes, kleines,
stetig wandelndes Geheimnis.
Dichter ist 'ne Dichterin,
andres käm nicht in den Sinn,
denn wer könnt' sich sonst erlauben,
so mit Worten rum zu klauben?
Denn wer könnte sonst wohl wagen,
euch mit Worten so zu plagen?

WORT

Wort, wo bist du,
warum kommst du nicht heraus?
Du versteckst dich, spielst mit mir.
Ha, ich fühl dich doch,
da oben bist du, in der Ecke links,
an der Seite, oben, neben meiner Nase.
Komm, steig herunter, nur ein kleiner Schritt,
hin zur Zunge, dieser Brücke,
die dich dann nach außen bringt.
Warum bist du bloß so träge,
warum bleibst du denn da stehen,
warum lässt du dich nicht hören?
Wie ich dich auch locke,
nichts zu machen, trotzt du mir.
Ohne dich, mit Mut zur Lücke,
geh ich weiter, plötzlich folgst du mir.

HAST DU MAL EIN LIEB' GENOSSEN

Hast du mal ein Lieb' genossen,
wurden Tränen auch vergossen.
Doch 'ne Liebe, wie die deine,
sucht doch nicht nur lange Beine,
nicht nur Busen oder Po,
nein, mein Herze ebenso.

Bloß, wo steckst du, der mich suchte,
heimlich jenen Tag verfluchte,
der verrann, mit ihm der Mut,
der wohl tut, was man nicht tut.
Ach Geliebter, sei nicht dumm,
dreh dich doch mal nach mir um!

WAR EINMAL EIN PAPPKARTON

War einmal ein Pappkarton,
hielt sich glatt für ´nen Baron.
Glänzte hier und prahlte da,
mit Plakataufschrift sogar.
Ging so manche Weile gut,
wie man ihn bewundern tut.
So reist er und oft bestaunt,
ist er immer gut gelaunt.

Ach, denkt er, und das recht keck,
andere sind doch nur Dreck.
Keiner glänzt so schön, wie ich.
Ja, so denkt er, ohne Güte,
da kein Inhalt, Gott behüte,
ist er doch ein Schaukarton
und so läuft er denn davon.

In der Welt, die groß und weit,
bald ein jeder von ihm weiß,
von dem tollen Pappkarton,
immer bestens wohl in Form,
von der Grafschaft seiner Rasse,
die auf nichts sich recht einlasse,
lässt ihn dann im Regen steh‘n,
wo wir ihn bald wiederseh‘n.

Aufgelöst und ganz und gar
butterweich wird er sogar.

Ohne Inhalt wird er schwinden.
Ach, wer will ihn suchen,
gar noch finden,
unsern schönen Schaukarton?
Und was bleibt ihm nun davon?

DAS TINTENSCHWEIN

Hoch im kleinen Kämmerlein
sitzt das arme Tintenschwein.

Lüstern schreibt es kleine Briefe,
dass die Tinte davon triefte.

Hör das auf, lass das sein,
bist doch nur ein Tintenschwein!

SCHAU MIR IN DIE AUGEN

Schau mir in die Augen,
so sagtest du.
Was ich sah?
So viel Schrecken,
so viel Leid!
Fort, fort, fort,
bloß schnell fort!
Bleib, bleib, bleib,
bitte bleib!
Was war das?
So wunderschön, … .
Das konnte
auf dem Grund ich seh'n.

ER

Liebst Du mich? Ich wage es nicht, dir diese Frage zu stellen. Angst lässt mein Herz beben. Wovor es sich fürchtet? Ich weiß es nicht. So fliehe ich vor dir und suche dich in der Ferne, denn deine Nähe ertrag ich nicht. Ich nenne dich Freundin vor Freunden, Liebste, Geliebte in meinem Herzen, aber deine Gegenwart macht mich stumm. Scherze nur, leicht wie flatternde Bänder. Nichts, woran du dich halten könntest. Wann wirst du mich verlassen?

ALTER

Dein Rücken ist gebeugt von des Lebens Last.
Kaum wollen deine schmerzenden Beine dich tra-
gen.
Dein Haar ist schütter und grau,
dein Herz will dir versagen.
Du suchtest die Liebe überall,
doch lief sie vor dir davon.
Einsam siehst du auf ein Leben
mit vielen, vielen Geliebten,
die sich deiner nicht mehr erinnern,
da du sie nicht kanntest.
Wer wird dich nun wärmen,
wer sorgt sich um dich,
wer trägt sie zu dir,
die Liebe, die Flüchtige, ach so Schöne?

DER GOLDFISCH

Schwimmt im Teich ein Goldfisch,
schwimmt mal hier,
schwimmt mal da.
Sonne scheint,
wärmt sein Kleid,
lässt ihn glänzen,
lässt ihn strahlen,
mit Vergnügen biegen,
Lässt ihn treiben,
lässt es bleiben.

Kommt ein kleiner Fisch daher,
denkt, wie gut das wär`.
Schwimmt der Goldfisch nebenher,
denk, wie schön das wär`,
diesen kleinen Fisch zu haben,
auch als Lebenskameraden.
Und so schwimmen mit Vergnügen
sie mal hüben und mal drüben,
treiben hin und treiben her.
´Ach wie schön die Welt doch wär`,
ach, was wär` das für ein Segen,
neben dir mal so zu leben`.

Doch der Goldfisch, eiderdaus,
springt glatt aus dem Teich heraus,
in den Bach,
der ihn verlockte

in die Ferne
und so hockte
nun der kleine Fisch
in dem Teich,
wie merkwürdig.

Traurig, still, für sich allein,
soll es das gewesen sein?
Ist er fort denn nun, der Gute?
Doch mit unverzagtem Mute
ruft er hier und
sucht er dorte.
Schlafend, träumend, find´ er ihn.
Doch was ändert seinen Sinn?

In dem fernen, großen Teich,
fand Bewunderin der gleich.
So sah´s nun der kleine Fisch:
sah, wie der sich treiben ließ,
sah, wie die ihn Liebster hieß,
sah, wie die sein Gold wohl wollte,
sah, wie er sie zu sich holte,
sah, wie er sein Auge kniepte,
sah, wie an dem Band er zerrte,
wie sein Herz sich bald verirrte.

Ach, wie litt der kleine Fisch:
„Ende Traum, ich bitte dich."
Goldfisch hat das auch gehört,
wenig hat ihn das gestört.

Und so trieb er vor sich hin,
neben sich Bewunderin.

Trieb er hin, trieb er her,
ob da nicht noch and'res wär',
dacht auch mal an kleinen Fisch,
dacht auch oft,
doch nur heimlich.
Dachte wohl so manches Jahr,
ob das alles gut so war.

Trieb er hin und trieb er her,
doch zu keinem Schluss kam er.
Gold ging hin
und er ward,
was er war,
ist gar nicht schwer:
Fisch ist Fisch
und gar nicht hold,
ist sein Herze nicht aus Gold!

DIE BRÜCKE

Stehen zwei hohe Berge
in dem großen, weiten Land.
Der Regenbogen wirft
ein leuchtend, feines Band
von dem einen zu dem andern,
auf dem nun die Träume wandern.
Wandern zu dir, wandern zu mir.
Und so kam's, dass sie entstand,
Brücke aus der Träume Land.

DIE KLEINE MEISE

Eine kleine Meise fand einen Meiserich.
Der war ein bisschen traurig und dachte nur an sich.
Ich will ihn doch mal necken, so dacht' die Meise hin,
das wird ihn wohl erheitern und sicher mag er mich.

Nun sang sie laut und trällerte:
„Ich denke nur an dich".

Er hört das Liedchen schallen
und lacht sich wohl halbtot.
Nun will er Witze machen und sie, sie ist in Not.
Was soll sie denn bloß machen,
er scherzt ja nicht mit *ihr*.

Jetzt singt er frech sein Liedchen,
er zieht von Baum zu Baum
und zwitschert mit den Meischen,
doch das gefällt ihr kaum.

Die Sonne hat's gesehen, der Mond hat's auch ge-
hört.
Die lieben ihre Meise, denn die hat sie betört.
Die Sonne schickt ihr Wärme. Der Mond hält Wacht
bei ihr.
So wird ihr nichts geschehen und sie weiß Dank
dafür.
Da singt sie nun und trällert den lieben, langen Tag
und wenn sie dich erfreut hat, dann nur, weil sie
dich mag.

TANZT DER KLEINE EISBÄR

Tanzt der kleine Eisbär
auf seiner Scholle Ballett.
Sieh meinen Stern dort leuchten.
Du zwinkerst so kokett.

Rosen im Dezember,
fragst mich, was ich seh'?
Remember, remenber and
never, never, never.

Fällt der Mond vom Himmel
hinab in den sternklaren See,
steigen auf deine Träume,
tun dir ja so weh.

Ach, dann tanzt der kleine Eisbär
Pirouetten auf dem Parkett,
steigen auf brennende Tränen.
Die Dame lächelt so nett.

Du hältst sie in deinen Armen,
flüchtest in deinen Traum.
Das Eis greift nach deinem Herzen,
sie, sie merkt es wohl kaum.

Der Mond steigt aus dem Wasser,
er lächelt so freundlich mir zu.
Fast könnte ich ihn fragen,

da spricht er: Gönne dir Ruh'.

Gönn' Ruh deinem Herzen,
auf Rosen heil aus,
nach all heißen Schmerzen
steht Glück dir ins Haus.

WAS IST DAS?

In welches Auge soll ich schau'n?
In das Linke, in das Rechte?
Welchem Worte soll ich trau'n?
Dem von gestern, dem von jetze?

Deine Haut, die ist so weich wie ein, … .
Wie hieß das gleich?
Mal bist du rot, dann wirst du bleich.
Du gehst gern fort, doch kommst sofort.
Was das ist, ihr wisst es schon?
Es ist das Chamäleon!

WEINE NICHT MEIN KIND

Weine nicht, mein Kind, weine nicht.
Genug der Tränen sind geflossen.
Hier, schau hin, was wolltest du?
Bist du denn nicht weit gekommen?

Sieh was du geschaffen hast,
schau dir deine Werke an.
Lese, lerne, lese aus,
was war gut und was war schlecht.

Nun das Schlechte neu beginnen,
hol das Gute draus hervor,
lass es wachsen, lass es werden,
lass es werden dir zum Segen.

Weine nicht, mein Kind, weine nicht.
Jedes Ding hat seine Zeit.
War mal Zeit für Trauer, Tränen.
Jetzt säh' deine Zukunft aus.

WER BIST DU?

Da liegst du nun, ausgepresst bis auf den letzten Rest. Nur darauf bedacht, dass du möglichst großen Gewinn bringst, hat man dich in immer neue Form gepresst, dich gar auf den Kopf gestellt. Und du?

Bereitwillig hast du alles mit dir machen lassen. Wollte man dich schlank, hast du dich schlank gemacht. Wollte man dich dicker, hast du an Form zugelegt. Wollte man dich biegsamer, hast du dich gebogen. Allein dein Marktwert zählt. Man stützt sich auf Befragungen. Liegst du in der Norm? Solltest du außergewöhnlich sein? Was gibt dein Outfit her? Liegst du im Trend? Bist du zu teuer?

Du bist ihren Wünschen gefolgt. Du warst das Ergebnis letzter Überlegungen. Jetzt hast du ausgedient. Aus dir ist nichts mehr herauszuholen. Du wirst den Weg aller Dinge gehen, vielleicht irgendwann, gewandelt, in neuem Glanze wiederkehren.

WIE SOLLTEN WIR?

Wie sollten wir uns wieder finden,
wenn wir blind werden?

Ich werde Rosen pflanzen,
zu Lande und zu Wasser.

Du wirst sie finden.

DER JUNGE AUS DEM EISBÄRLAND

Der Junge aus dem Eisbärland im Traum sich als
ein Eisbär fand,
so groß und stark und kalt und weiß, so zog er hin,
er sah's auf Eis.

Das Eis so hart und glatt und kalt, wie sich der Eis-
bärjunge fand.
Mit jedem Schritt, den er nun tat, dem großen Eis-
bär gleich er ward.

Von ferne sah er Feuerschein. Die Neugier lockt ihn
da hinein.
So schön und warm und gut er's fand. Es lebt sich
gut im Feuerland.

Fast wär' das ganze Eis getaut. Da dacht er, was er
sich getraut
und floh, ganz schnell und ganz weit fort, an einen
fernen, kalten Ort.

Dort träumt er nun vom Feuerland. Dann wird es
ihm ums Herz ganz warm.
Er wartet auf den nächsten Traum.

Da ist er dann ein Bär ganz braun und dann lebt er
im Feuerland und
reicht der Bärin seine Hand, die groß und stark und
warm, vertreibt den Harm.

Der Junge aus dem Eisbärland, das ist ein Mann im Feuerland.
Der Mann im Feuerland im Traum, ein Junge ist's, er weiß es kaum, im Eisbärland.

Das Eisbärland so kalt, so hart, so weiß. Er geht den Weg wohl übers Eis
zum Manne dort im Feuerland, der schon als Junge ihn gekannt.

Erkannt, gebannt, der Traum ist aus.
Der Mann, er lebt mit Glück im Haus.

WORTE

Worte, die mich binden sollten,
Worte, die im Winde flattern.
Worte, denen keine Taten folgten,
Worte, deren schöner Klang nur Träume weckten.
Worte, Glück verheißend, inhaltsschwer.
Worte, die auch zu mir fanden.
Worte, die mein Herze banden.
Worte, wucherndes Gestrüpp.
Worte, nichts als Worte.
Worte, denen keine Taten folgten.
Worte schick' ich dir zurück.
Worte, nichts als Worte.

WORTE ZUM ZWEITEN

Dahingeworfen diese Worte:

Leben, Liebe, Herz, besitzen, lassen, geben, suchen, nehmen, finden, gehen, Täuschung, Enttäuschung, Trauer, kennen, erkennen, bleiben, lachen, lieben, glücklich sein, verwunden, suchen, sammeln, verbunden, überwunden, ergeben, vergeben, Leid, Kälte, Lüge, Betrug, Sehnsucht, Schmerz, Treue, Furcht, erschrecken, erkennen, zufrieden, unzufrieden, wandeln, verwandeln, Neuerung, Haus, geliebt, geborgen, geschunden, verlassen, gefunden, Freude, Einsamkeit, hoffen, bangen, Sorgen, Ewigkeit, annehmen, Schatz, angekommen, Glück, entscheiden, fühlen, wissen.

Welch ein Chaos, welch ein Leben, welch ein Roman!

BEHERRSCHT

Ich bin beherrscht nur von mir selbst
und bedaure nicht, dass ich dir diese Macht
über mich nicht geben kann,
nicht will, nicht darf, nicht muss.

Was ich dir schenke, das schenke ich
kraft meiner Macht über mich,
sonst hätt' ich nichts zu geben.

Beherrsche dich, beherrsche dich nur selbst
und wenn du mit dir selbst nur leben willst,
besteh' auch dieses Abenteuer mit Gewinn,
auf dass ich hoffen kann, dich irgendwann
froh und gelöst zu sehen.

AUSSICHT

Mein Blick gleitet von der Höhe über das weite
Meer.
Die Oberstraße habe ich längst erklommen.
Nun sollen Blumen wachsen auf dem steilen Pfad,
von dem ich abzustürzen drohte,
weil ich mich zu weit über die Schlucht beugte,
die nun nicht mehr ist.

Das Ungeheuerliche ist vorüber.
So ruhig liegt das Meer, dass man glauben könnte,
es hätte nichts, als Frieden gegeben,
wenn die Boote im milden Abendlicht
im Hafen liegen.

Süße

Du stopfst dich voll mit Süßigkeiten?
Was ließ dich dazu verleiten?
Suchst du nach des Lebens Süße?
Schick' der Liebe heiße Grüße!

Da du doch die Liebe suchst,
suchst du an der falschen Stelle,
kriegst du nur `ne neue Delle.
Bist du munter, bist du froh,
macht's die Liebe ebenso.

TRAUER LÄSST DIE ZÜGE DIR ENTGLEITEN

Trauer lässt die Züge dir entgleiten.
Wo ist dein Lachen, das dem Herz entspringt?
Fest verschlossen tief verborgen,
neben Sehnsucht, Kummer, Leid.

Warum willst du darin wohnen?
Warum tust du dir das an?
Gib den Schlüssel her, den sich'ren,
schließe auf den Stahltresor.

Lass die schwarzen Vögel fliegen,
ohne eine Wiederkehr,
denn so bricht es seine Bahn,
deines Lebens Elixier.

Hinzufallen, das ist jedem schon geschehen,
auf dem Boden kriechen, das mag gehen,
für ein Weilchen, das mag sein.
Doch jetzt aufrecht, mutig neu beginnen.

Lass die Sonne wieder scheinen,
in der Seele, im Gesicht.
Siehst du, das ist, was ich meine.
und das lieb ich so an dir.

TRÄUME

Ziehen deine Träume dahin,
wie Wolken, die du vergeblich
zu fangen versuchst?
Gib ihnen reiche Nahrung,
dann fallen sie
wie warmer Regen hernieder und
lassen die Blumen
im Garten deines Lebens blühen.

REISENDER

Reisende soll man nicht aufhalten.
So geh nun deinen Weg in Frieden.
Ich sollte dich entschuldigen?
Die Schuld ist deines Lebens Last,
die billigend in Kauf du nahmst.
Mir willst du das aufladen?
Es wiegt zu schwer.
So will ich mich nicht an dich binden.
Es bleibe dein. Geh nur ruhig fort.
Ich wünsche dir Frieden.

SIEHST DU

Siehst du, wie die Blätter fallen,
bunt gefärbt von lichten Bäumen,
wie sie einen Teppich weben
voller Duft und Leben.

Siehst du, wie die Tiere emsig
sich wappnen für des Winters Ruh,
wie Käfer rollen Blatt für Blatt
mit gold'ner Sonne Segen.

Siehst du, wie ich über Wege schreite,
die du nie gegangen bist,
wie sich Schnee schon bald darauf wird legen
und jede Spur von mir verwischt?

SO GESEHEN

So gesehen sind wir gut dran.
Wir haben fast alles,
für jeden etwas
und doch ist unsere Seele
hungrig geblieben,
denn was uns noch fehlt,
liegt nicht im Haben.

SO SEHR ICH DEN TRAUM LIEBTE

So sehr ich den Traum liebte,
so sehr trauere ich um den Tod des Traumes.
Der Traum ist tot.
Es lebe der Traum.

So sehr ich die Liebe liebte,
so sehr trauere ich um den Tod der Liebe.
Die Liebe ist tot.
Es lebe die Liebe.

So sehr ich dich liebte,
so sehr trauere ich um dich.
Das Leben ist tot.
Es lebe das Leben.

SO SIEHST DU AUS

So siehst du aus, dass du glaubst, mein Weg führte
hinter dem deinen hinterher.

Längst schon läufst du im Kreise und folgst
meinen Spuren, denn sie sind dein Weg.

Doch wie sollten wir uns erreichen?
Im Fortlaufen hinter mir bist du so weit voraus.

Schaue ich in den Spiegel, bist auch du zu seh'n.

DAS HERZENSKÄMMERLEIN

Ich bin dein und du bist mein
in des Herzens Kämmerlein.
Niemals soll es enden,
dass wir zueinander fänden,
denn in meinem Kämmerlein,
darfst du gern zuhause sein.

Fenster drin, sind blank und rein,
zieht die Liebe dort mit ein.
Und die Lampen drin, die leuchten,
wie die Augen dein, die feuchten.

So, in deines Herzens Kämmerlein,
da zieh ich heute schnell noch ein.
Aber was muss ich da sehen?
Was hat du für Plunder stehen?
Wem gehören diese Schuhe?
Und von wem ist diese Truhe?

Jetzt mach' schnell die Türe auf,
das kommt mir auf den Müllhauf'.
Woll'n wir hier in Frieden leben,
kann es keine and're geben.

So, nun ist doch endlich Ruh.
Ja mein Lieb, was sagst denn du?

DER ALTE GAUL

Lüstern bläht er seine Nüstern,
als er späht der Damen Hintern
und schon streicht mit weichem Maul
um sie rum der alte Gaul.
Wohlig fühlt sich das schon an,
denn er kann, was er kann.

Schon treibt er ´ne ganze Herde.
Sind das alles wirklich Pferde?
Aber nun kommt der Verdruss,
keine gönnt ihm den Genuss.
Hiebe wird er eher kriegen
von den seinen, ach so Lieben!

Und so hängt er, und so geht er,
auf die Weide wieder später.

DER REGENTROPFEN

Töricht fällt ein Regentropfen
auf das heiße Dach.
„Pling" ist sein letztes Wort,
während schon die Sonne
sein kleines Leben
in Dampf verwandelt
und ihn zurückschickt,
woher er gekommen ist.
`Wie ist mir so leicht`, denkt er,
während er entschwebt.
´Verdampft noch einmal,
wie sieht die Welt so anders aus.
Von hier aus betrachtet,
möchte ich wiederkommen,
eine Blume nähren,
in ihrer Blüte wohnen
und die Sonne anlachen´.

DER SCHUH

Schuh, was hab ich dir getan,
dass du mich drücktest und mich zwicktest?
Ohne mich, guck doch mal an,
kommst nicht einen Schritt voran.
Hältst was auf dein glattes Leder?
Fühlst dich leicht, wie eine Feder?
Bin ich`s doch, die dich wohl pflegte,
noch am Abend still dich hegte,
dich mit manchem Seufzen trug,
dich den anderen vorzog?
Als dein Absatz dir fortlief,
ach wie wurdest du so schief.
Wer war es, der dich besohlte,
dich vor Elend schützen wollte?
Lieber Schuh, ich rate dir,
biege dich und diene mir.
Und stell schnell dein Zwacken ein,
denn sonst ist der Müllsack dein!

DER SPINNENMANN

Er spann sein Netz mit leisen Worten, zart, lockend, verführerisch, mit suchenden Augen, tief in ihre Seele eindringend, Musik erzeugend. Schwingungen, die zunächst leicht, dann zunehmend Resonanzen fanden, sich ausbreiteten, Herz und Hirn einfingen mit leicht gewebtem Gespinst, fest und nachgiebig, aus dem es kein Entrinnen mehr gab. Er frohlockte. Seine Seele tanzte.

Mit Bedacht zog er seine Fäden hier und dort, ein Wunder der Vollkommenheit. Hier war sie sein. Jeden Zug würde er bemerken. Nichts könnte sie ihm mehr entreißen, doch er war frei. Zappelte sie, so eilte er zurück. Hielt sie still, so war es gut. Nicht nötig, hier zu verweilen. Weitere Netze wollten gebaut werden. Er war beschäftigt, der Spinnenmann, Netz auf Netz zu schaffen, Sicherheit für ihn, immer während Nahrung. Bald war es so weit, sie auszusaugen.

Hatte er mit ihrer Heimtücke nicht gerechnet? Heimlich hatte sie das Netz zerbissen, sich davon gestohlen und aus sicherer Entfernung ihm lachend zugewinkt.

DER STROM UND DAS MEER

Wenn wir lebten,
wie wir könnten,
in der Schönheit unseres Seins,
würden wir erkennen,
dass daneben
alles andere verblasst.
Doch als Kinder unserer Zeit
erschaffen wir,
bis wir lernen,
uns so zu lieben,
dass diese Liebe überfließt
aus einem nie endenden Strom
ins weite Meer,
woraus sie sich erhebt
und zurückkehrt
in nie endendem Kreise.

DIE LEBENSSCHULE

Wie sehr habe ich mich auf diesen Tag gefreut,
an dem die Schule begann.
„An diesem Tag beginnt der Ernst des Lebens!"
Das hörte ich an jenem Tag zum ersten Mal
und viele, viele Male noch in meinem Leben.

Das Leben ernst zu nehmen, wie ein Clown,
zu einem Scherz, zu einem Schalk immer aufgelegt
und immer wieder und trotz allem,
was uns als Ernst des Lebens gegeben sein soll,
ein Lachen aus tiefster Seele
und ein Lächeln auf den Lippen,
das bleibe mir, das schenk ich dir,
bis jener tiefste Ernst des Lebens uns mit Heiterkeit
in unendlich ferner Zeit hinüber leitet.

DIE PATEN

Die Liebe und die Härte des Lebens
sind die Paten, die ihre Gaben in unsere Wiege leg-
ten.
Wie wir auch strampelten und wuchsen,
sie blieben uns erhalten.
Mögen wir erkennen,
dass sie Teil desselben sind, das zu uns gehörte,
von Anfang an.

Ich habe die Liebe in mein Herz genommen,
auf dass sie wachsen kann.
Soll die Härte die Kraft geben,
zu erschaffen, was wir brauchen,
so soll die Liebe sie leiten.

MANCHMAL

Manchmal habe ich gedacht,
hätte ich es geahnt, wäre ich weit fortgelaufen.

Ich habe es geahnt und wollte fortlaufen.
Du hast mich sanft festgehalten.

Ich bin geblieben.

Auf dem Grunde unserer Augen lag ein unsagbarer
Traum.
Haben wir beide dasselbe gesehen?

Seitdem ist alles in Bewegung.
Und du, du bist weit, weit fort.

Hätte ich es geahnt, ich wäre weit fortgelaufen.
Ich habe es geahnt und immer noch hältst du mich.

MEHR DAVON

Wo kam diese Feder her?
Gibt es davon noch viel mehr?
Gibt es davon noch ganz viele?
Wie ich dieses Leben liebe!

Regentropfen ganz allein.
Oder sind sie schon zu zwei'n?
Könnten's nicht ganz viele sein?
Du kämst dann mit einem Schirm,
seufzend sagst du: "Ach meen Deern, ..."
Ach, wie ich den Regen liebe!

Und der Stern in deinen Augen,
hey, sind das sind doch zweie oder dreie?
Oder sind es doch ganz viele?
Oh, wie gern ich bei dir bliebe, ...
Wie ich deine Augen liebe!

MEINE ZAHNBÜRSTE

Guten Morgen Zahnbürste,
was bist du so gut gelaunt?
Du schäumst und biegst dich,
schrubbst und scheuerst,
als hättest du den ganzen Tag Zeit.
Doch geb ich dir nur drei Minuten.
Drei Minuten jeden Tag,
am Morgen und am Abend,
ein Intermezzo nach dem Essen,
und du strahlst,
wie am ersten Tag.

Das kann schon nett sein,
aber bilde dir nicht ein,
dass du diesem Bad entkommst.
Reisen willst du?
Dann gedulde dich, wie ich
und halte dich treu an meiner Seite,
sonst hast du bald ausgedient
und putzt mir meine Ecken.

EIN FAULER SONNTAG

Hey, du fauler Sonntag! Warum ist das Bett so warm und weich? Kein Briefbote kann mich im Nachtkleid überraschen. Schwarz ist dein Kaffee mit Pfeffer für alle Sinne und mein Körper sagt, ich bin da!

Lockt die Sonne oder regnet es? Ich bin gewappnet. Liegestuhl, Sonnenschirm, ein gutes Buch, Musik, Blumenduft, … . Wie herrlich ist das Leben, schwerelos.

Warme Regentropfen auf meiner Haut beim Spaziergang im Garten. Blätter biegen sich. Natur, wohin ich blicke. Sonne erscheint, lässt alles neu erstrahlen.

Blütenpracht, schwellende Frucht, sattes, tiefes Grün, Seerosen und Fische im Teich, ein Reh am Waldesrand, gemütliches Heim. Segen langer, harter Arbeit, die an diesem Tage ruht!

Sähe, pflanze und ernte mit Recht, was dir zukommt.

Ein fauler Sonntag.

NOCH´N SONNTAG

Sonntag
Radio an,
Bett warm,
Kaffee schwarz,
Träume ein,
Sonne rein,
duschen geh'n,
vorm Spiegel steh'n.
Du rufst an.
Gut getan!

OHNE ZEIT

Ohne Zeit siehst du die Liebste nicht,
nicht die Blumen und den Bach.
Ohne Zeit lebst du dein Leben
und klagst, es will dir nichts geben.
Ohne Zeit wirst du nur alt.
Du siehst, doch ach,
ohne Zeit die ich dir gab,
wo wärest du?
Ohne Zeit zum Leben, zum Lieben,
ohne Zeit,
ohne Zeit,
ohne Zeit,
ohne Zeit.
Ohne Zeit wäre ich für Dich,
hätte ich meine Liebe nicht.

LEUCHTE

Leuchte, sagt die Sonne
und der Regentropfen blitzt im Fallen,
erstrahlt ein letztes Mal,
bevor er sich auf dem Boden wiederfindet.

Leuchte, sagt die Sonne
und das Himmelsschlüsselchen
öffnet blinzelnd seine Augen,
die kleinen Blätter dehnend und streckend,
eins nach dem anderen,
die Wärme suchend.

Leuchte, sagt die Sonne
und millionen und abermillionen
kleiner Wassertropfen kräuseln sich,
wie Diamanten funkelnd, leuchtend, wetteifernd
mit der großen Schwester über ihnen.

Leuchte, sagt die Sonne
und die Wiese wirft ein so frisches Grün
über die Landschaft, dass der Himmel
seine Wolken vertreibt.

Leuchte, sagt die Sonne
zu dem kleinen Vogel,
der seine Schwingen ausbreitet

in den wundervollsten Farben und
geradewegs zu dir fliegt.

Leuchte, sagt die Sonne, leuchte … .

KANNST DU ES SEHEN?

Kannst du es sehen, das Nest am Waldesrand,
gebaut von emsigem Geist,
geschmückt mit heiterer Gelassenheit?

Betrete dieses Haus, der redlich es verdient
und bleibe ganz fein draußen,
was Hass und Wut ersinnt.

Hier will ich glücklich leben
und sei es auch allein.
Lass' deine Stiefel draußen,
dann kommst du auch herein.

GESTERN WAR'S

Gestern war's, erst gestern,
denn die Zeit blieb steh'n,
schlug Purzelbäume, raste vor und zurück.

Gestern also war's, als wir uns ansah'n und erkann-
ten.
Wie aber leben wir das Heute?

Denk an die Sonne hinter den Wolken, die ich dir
schenkte,
die Blumen, die nur für dich blühten,
das Herz, das nur für dich schlug,
den Regenbogen, der die Berge verband,

denn so kann es sein, dass wir uns wirklich begeg-
nen.

GIB ACHT

Gib acht, dass der Korb deines Lebens
immer gefüllt ist,
damit du dich gut ernährst
und einem Kind,
einem bedürftigen oder
einem lieben Menschen
du etwas zu geben vermagst.

Gib acht auf die,
die nur kommen,
ihn zu plündern
und schreien,
dass nicht mehr da rinnen ist.

Gib acht auf dein Herz,
dass der Geiz es nicht packt,
auf dass nicht das,
was uns nähren sollte,
im Korb dir verfault.

HEIMAT

Ein Bild deiner Heimat
hängt am Eingang in meinem Haus.

Damit du nachhause fändest,
zuhause seiest, wenn du kämest.

- Dieses Spiel mit den Konjunktiven,
das du so sehr liebtest. -

HOFFNUNG

Noch bist du klein, du Baum der Hoffnung,
den ich pflanze in schwerer Zeit.
Was soll dich nähren?
Begieße ich dich mit Kummer und Leid?
Lege ich dir dieses zu Füßen?
Ja, zu Füßen lege ich es dir.
Nimm es auf als eine Gabe,
die mein Leben dir reicht,
da es noch nichts anderes
dir zu bieten vermag.
Doch die Sonne meines Lebens
wird scheinen und du,
Baum der Hoffnung,
wirst es verwandeln und
es werden süße Frucht
undFreude sein.

FLIEG, KLEINER VOGEL

Vom Schicksalsberg trägt ein kleiner Vogel
jeden Tag einen kleinen Stein und
wirft ihn ins Meer,
bringt Samen, Blumen, Sonne, Wind und Regen,
auf das jede Last schwindet,
jede Hoffnung blüht und
reiche Frucht trägt und Segen.
Flieg, kleiner Vogel, flieg!

FRÜHLING IM NOVEMBER

Frühling im November. Sonne auf meiner Haut.
Wir sehen uns nur einen Augen-Blick.
Ein Blick, ein ganzes Leben.
Staunen, Verwirrung, versinken, sich lösen, verlieren.
Du bist verschwunden,
ein Sonnenstrahl, den ich nachhause trage.

FALSCHE LIEBE ZUM ERSTEN

Eine falsche Liebe ist
wie schleichendes Gift,
das dir dein Herz verbrennt.
Hat sie noch so viele Widerhaken
und schmerzt es noch so sehr,
zieh ihn heraus, den Stachel.
Versorge deine Wunde,
werde heil, werde weise.
Sie geht sie weiter, deine Reise
durch des Lebens Labyrinth,
wo sich auch noch Gutes find'.

FALSCHE LIEBE ZUM ZWEITEN

Deine falsche Liebe
klebt am Schuh, wie Hunde... ,
und sie stinkt auch ebenso.
Wie konnt' mir das bloß begegnen?
Womit hab ich das verdient?
Ein falscher Schritt,
ein falscher Tritt.
Nichts Gutes kann daraus mir werden.
Solchen Schuh zieh ich nicht an.
Wo ist Seife, wo der Wasserhahn?
Jetzt wird geputzt,
jetzt wird geschrubbt!
Du bleibst an mir nicht haften.
Glaub mir nur,
das kann ich verkraften.
Wir seh'n uns im Nirgendwo.
Tschüss, ade und tschirio!

ES MAG SEIN

Es mag sein, dass ich dich nie wieder sehe,
dass die dunklen Wolken die Sonne verbergen,
die uns scheinen sollte.

Es mag sein, dass nichts bleibt,
außer der Erinnerung,
die von der Hoffnung leben musste
und keine Nahrung mehr fand.

Es mag sein, dass auch ich
den Weg nicht erkannte,
der uns zusammenführte
und doch kann ich nur suchen
und meinen Weg gehen,
wohin er auch führt.

Es mag sein, dass auch du
dich bemühtest und herum irrtest
und den Weg verlorst.
Ich will darauf achten,
dass auf diesem harten und steinigen Weg,
der uns zusammenführen sollte,
wir nicht zerstört und zerschunden
ans Ende gelangen.

Es mag sein, dass wir irgendwann
einander wieder begegnen,
dass unsere Wege uns wieder zusammenführen

und ich weiß nicht,
ob ich es mir noch wünschen soll,
doch wenn es so ist,
mögen uns Liebe und Hoffnung bleiben.

DU UND ICH

Wo warst du, wenn ich dich rief?
Was hat du getan mit der Kraft, die ich dir gab?

Vor mir sehe ich die Bäume, die ihre Äste ausbreiten,
wie du deine Arme ausgebreitet hast,
bevor dein Mut dich verließ

und träume auf den Hang,
 auf die Hütte, die Wiese hinüber,
in den Sommer hinein, den ich im Winter schon sehe.

Ein Sommer voller Kraft und Energie.
Ich träume mein Leben. Ich lebe meinen Traum.
Es ist mir gegeben.

EINE CHANCE NOCH

Gibst du mir noch eine Chance,
dass ich auf der Nas' dir tanze,
dass ich dein Gehirn verwirre,
dass du dumm wirst und ganz irre,
dass du alles für mich tust
für ein Lächeln meiner Gunst?
Was? Du willst das gar nicht machen?
Ja was sind denn das für Sachen!
Wie? Das kann ich nicht versteh'n!
Was? Jetzt soll ich auch noch geh'n?
Nein, so kann das doch nicht sein.
Sag sofort, du bist nur mein!
Ach, ich hab dich doch genommen.
Bist du plötzlich so verkommen?
Wie? Was bildest du dir ein?
Sollt' da noch ein andrer sein?
Was? Du hast mich gründlich satt?
Da bin ich jetzt wirklich platt.
Ach du grinst? Ich versteh, … .
Du willst, dass ich wirklich geh!

DIE STOLZE ROSE

In meinem Garten
blüht eine Rose wunderbar.
Wer sich ihr nähert,
sie bewundert,
ihren Duft einatmet,
mag sie wohl gerne besitzen wollen,
doch ist sie standhaft
mit ihren vielen Dornen
und du darfst ihr nicht verübeln,
wenn sie zu ihrem Schutz dich stechen.
Also sei behutsam und liebe sie.
Vorsichtig trage sie ins Haus,
achte sie,
dann wird ihre Freude
auch die deine sein.

DEUTSCHLAND

Gedenke derer, die dich aufgebaut haben,
in Frieden und Liebe.
Man hat uns gelehrt, uns schuldig zu fühlen,
sogar für das, was wir nicht taten.
Ich will stolz sein auf unser schönes Land,
auf die Freiheit und
auf das Recht auf Gleichbehandlung,
auf das, was Gutes geschaffen wurde
und geschaffen wird,
in Würde, Achtung und Respekt vor dem Anderen.
Ich wünsche mir,
dass jeder seinen Teil dazu beiträgt und
seinen, seiner Leistung gemäßen Lohn erhält.
Ich wünsche dir, Deutschland,
dass du in bestem Sinne stolz auf dich bist
und in deinem Bemühen niemals nachlässt,
wirklich gut zu sein.

DIE AHNIN UND DAS KIND

Ein winziger Tropfen nur, alten adeligen Blutes, längst verstreut und unbedeutend, unbedeutend wie der Name seiner Trägerin. Trägt er das Bewusstsein? Fantasie, Illusion und Träume. Wandeln auf tauglänzenden Wiesen, schweben mit den Wolken, tanzen mit den Sonnenstrahlen, fliegen mit den Schwalben. Das ganze Leben nur ein Traum?

Träume mein Kind, träume. Ich wünsche dir ein volles Leben. Noch winzig bist du, ungeboren, doch will ich mit dir sein, da mein Leben sich dem Ende zuneigt. Vollende, was mir nicht gelang, was mir nicht gestattet war. Sei groß, sei stark, sei, sei, sei! Lebe in Frieden, verbreite Glück und Liebe, empfange und verteile.

In der Nacht, im Ahnen, im Träumen suche ich dich. Fürchte dich nicht. Kein wahres Übel soll dich treffen, kein noch so schlimmer Fluch sei dein. Über dich will ich meine Flügel breiten. Meinen Namen schenk ich dir. Mein schönstes Erbe sei dein. Goldene Tore sollen sich dir öffnen. Edel sollen deine Gedanken und Taten sein.

DEM KINDE

Die Schätze, die ich dir gab, nimm davon, was immer du magst. Es sind dies die glücklichen Seiten deiner Kindheit. Bewahre sie dir gut, denn niemand kann sie dir nehmen, außer dir.

Lerne an unseren Fehlern und mache es besser.

Erinnere dich an unsere Spiele, unsere Lieder, an die Geschichten und inneren Bilder, die wir machten, an die vielen lieben kleinen Dinge und Worte, die wir uns schenkten, an das Lachen, den Spaß, die Freude und die klitzekleinen Abenteuer. All dies soll dir Kraft geben.

Erinnere dich an meine Liebe. Schwere und harte Zeiten bleiben auch uns nicht erspart. Auch das ist das Leben.

Ich muss nicht alles lieben, was du tust. Ich hoffe, dass du für dein Leben das Rechte tust, dass du ein aufrechter, ehrlicher und liebevoller Mensch bist und bleiben kannst und ebensolche Menschen um dich sind.

Ich wünsche dir, dass meine Liebe, wo immer du auch bist, dich im guten Sinne treu begleitet, auch wenn wir andere Wege gehen.

Achte deine guten Fähigkeiten, die du erhalten hast und schätze sie nicht gering. Ich wünsche Dir, dass sich deine schönsten Träume erfüllen.

Du hast das Recht, dein eigenes Leben zu leben und es macht mich froh zu sehen, wenn du es glücklich kannst.

DAS FRÄULEIN VON SCHÖNECKEN

Das Fräulein von Schönecken, hoch auf der Burg schaut hinab auf das Tal, auf die grüne Aue mit dem silbern sich windenden Bach. Sein Blick gleitet über die goldenen und grünen Hügel. Wer kennt seine Tage, sein Glück, seine Sorgen?
Hohe Gäste kommen an den Hof, Leute mit Rang und Namen. Man feiert Feste, man reitet hinaus. Manchmal, manchmal sieht man das Fräulein dabei. Da reist einer an aus fernem Land. Schwarz ist sein Haar mit dichten, weichen Locken. Wie Musik klingt seine Stimme in ihren Ohren und nie mehr vergisst sie diese Melodie.
Die Ritter, sie kommen, zu huldigen dem Fräulein. Es dankt für die Ehre. Der Fremde ist fort und mit ihm der Glanz, der ihr Leben umspielte. Sagte er nicht, er kehrt wieder? Zu lange schon ist es her und manchmal, im Säuseln der Bäume, wähnt es seine Stimme zu hören. Manchmal noch kommt ein Bote, doch sendet er nur einen Gruß.
Da steht das Fräulein am Fenster hoch oben auf der Burg und blickt über das goldene Land. Und träumend vergeht Jahr um Jahr. Der Fremde kehrt niemals wieder.

PETRARKA

S' ist Mitternacht. Auf der Burg, dem weiten Gelände Mondenschein.

Leis' öffnet sich die Gruft. In weitem Kreise lagern Könige und Fürsten in prächtigem Gewand, in Pelz und Samt und goldgewirktem Wams. So gedenken sie und preisen vergangener Taten.

Petrarkas Geist um uns. Auf aufragend, schwarzem, glänzendem Stein von Blumenkränzen umrankt, gemeißelt in goldenen Lettern les' ich in der vertrauten Runde in lateinscher Sprache: ... Seht den Gang der Geschichte, wie sie geschah, mit unseren Augen, ... Gesänge und Reden hallen in launiger Runde am Gedenkstein der Sippen.

DER RABE UND DIE TAUBE

Einst saß ein Rabe hoch oben in einem Baum. Er sah hinunter auf das alte Gemäuer der Burg. Stein auf Stein schichtete es sich hoch in den Himmel am Turm, wo in der Frühe, beim ersten Sonnenstrahl, eine weiße Taube sich hoch zu den Wolken erhob. „Wie schön und weiß ist ihr Gefieder", dachte der Rabe, „wie sanft und weiß ist ihre Brust. Ach, wie sie sich erhebt und fliegt davon, wer weiß wohin. Wär' ich wie sie so weiß, so sanft, so weich, ... Meine kleine Taube, ..." So träumte der Rabe. Er träumte und träumte und vergaß dabei, sein lautes „Krah! Krah!" über das Land zu rufen. Er träumte so tief, dass er vom Baume fiel, geradewegs auf die Erde. Da lag er nun, der Ohnmacht nahe und wälzte sich im Staub.

Die Taube aber flog hoch durch die Luft und weit über das Land, weit und immer weiter.

„Ach", dachte sie, „wenn ich doch wie der stolze Rabe, so ruhig auf dem Baume säße, so elegant in einem schwarzen Frack, ... Wie schön er ist und wie gebieterisch. Schon wie er seine Flügel ausbreitet und ruft: Krah! Krah! ... Ach, mein geliebter Rabe, mein Rabe", so gurrte sie und gurrte. Sanft setzte sie sich auf eine Mauer, während die Sonne ihr weißes Gefieder streichelte.

„Seht nur, die schöne, weiße Taube", riefen die Kinder. „Ja, seht nur, die schöne, weiße Taube", riefen die Leute.

Die Taube aber weinte. Sie weinte Tränen von Gold vor Sehnsucht und weinte und weinte.

„Seht nur, sie weint Gold!" rief der Dachdeckerlehrling und stieß in seinem Eifer einen Topf mit Pech um.

„Gold!" riefen die Leute. „Sie weint Gold, seht her, ..." Und sie sammelten die goldenen Tränen auf. Unsere arme, kleine Taube aber saß still und traurig. Sie merkte nicht, wie das Pech über sie floss, denn sie fühlte sich nur unendlich müde. Mit letzter Kraft erhob sie sich und flog davon.

Der Rabe jedoch war in eine Kalkgrube gefallen. Wie er sich nun so aufrappelte und mit seinen Flügeln schlug, wurde er ganz und gar von weißem Staub bedeckt. Seine Stimme wollte ihm nicht mehr recht gehorchen. Kein Krah! entwand sich mehr seiner Kehle.

Endlich gelang es ihm, auf die Mauer unter dem Turm zu hüpfen. Dort saß er in der Abendsonne, die seine weißen Federn beschien. Fast wäre er eingeschlafen, als ihn ein vertrauter Flügelschlag aufhorchen ließ. Doch was war das? Ein schwarzer Vogel plumpste neben ihn. Seine Augen blickten traurig, mit golden schimmerndem Glanz. Seine kleine, geliebte Taube ...! Er rückte ganz nahe an sie heran. Sie war es wirklich.

Nun schaute sie zu ihm herüber und lachte. Ja, wirklich, sie lachte und lachte. Sie schüttelte sich vor Lachen, als sie seine weißen Federn sah. Er stupste sie ein wenig an. Da bemerkte er, dass sie voller Pech war. Sie war so schwarz, wie vordem er gewesen war. Nun musste auch er lachen. Sie lachten und balgten so lange, bis das Pech und der Kalk sich vermischt hatten und von ihnen abfielen.

„Meine süße, kleine Taube", flüsterte der Rabe.

„Mein schöner, stolzer Rabe", wisperte die Taube.

„Krah!" rief er, „Krah!"

So kam es, dass der Rabe und die Taube einander liebten. Und wenn sie nicht gestorben sind, dann lieben sie sich noch heute.

IN EINEM LAND VOR UNSERER ZEIT

In einem Land zwischen Bergen und Meer erhob
sich ein Kampf, geboren aus dem Elend und der
Not der unzähligen Armen.

Der Armen waren zwar viele, doch sie waren zu
schwach, sich Gehör zu verschaffen. Der alte Kai-
ser, der taub gegen sein Volk gewesen war, hatte
längst seine Macht und auch sein Reich verloren.
Jene, die nach ihm herrschten, verstanden es nicht
besser. Zu schwer und zu hart war das Los der
kleinen Leute.

Da kam einer aus dem Nachbarreiche, ein armer
Wanderer, abgerissen und hungrig. Der begann,
große Reden zu führen, von der Größe und Erha-
benheit des Reiches, von der Auserwähltheit dieses
Volkes, von seiner starken und edlen, fast göttlichen
Herkunft. Wie die Leute ihn so hörten, verlachten
sie ihn und jagten ihn fort. Nun, das war er gewöhnt.
Hungrig und getreten, stand er wieder auf. Umso
mehr warf er seine Reden unter das Volk. Nun be-
gannen einige, aufzuhorchen: Hatte er denn nicht
Recht? Waren die kleinen Leute wirklich so klein?
Verdienten sie wirklich ein so hartes Los? Durfte
man sie so treten? Mussten ihre Kinder wirklich so
hungern, so dass sie krank wurden und vor Elend
starben?

Der abgerissene Wanderer lernte. Er schrieb ein
Buch. Das lasen nun die Leute: „Was gedruckt ist,
muss doch auch wahr sein, sonst würde es nicht

gedruckt." Machte mit ihm nicht die Obrigkeit, denn so nannten die Leute noch immer jene, die das Sagen hatten, dasselbe, was sie auch mit ihnen, den kleinen Leuten machte?

Immer mehr hörten sie seinen Reden zu. Geschickt knüpfte er die Fäden der Macht. Arbeit und Brot für alle, fort mit dem Leid! Ruhm und Ehre für das Volk! Wer sollte etwas dagegen sagen? Hatten sie nicht alle genug gelitten? So kamen nun auch die Guten und Redlichen, denn auch an ihnen hatten die Not und das Elend genagt. Es kamen auch jene, welchen schon lange auf einen gewartet hatten, der mit eisernem Besen kehrte und alles hinausjagte aus ihrem Elternhaus, denn so empfanden sie es, das ihr Brot fraß und immer fetter wurde und suchten nach den Schuldigen, damit sie diese bestraften könnten. So verblendet waren sie. Die Schuldigen aber waren bald gefunden. Sie standen in dem großen Buch, das zu einer geheiligten Schrift werden und alle anderen Schriften für alle Zeiten verdrängen sollte.

Da es jedoch immer noch solche gab, die aufrecht ihre Stimme erhoben, sollte diesen ein Zeichen gesetzt werden. So verbrannten jener Verführer und seine Bande alle Schriften und Bilder, die gegen ihn redeten und übten Gewalt, denn ihre Wahrheit sollte als einzige, als reine Wahrheit gelten.

Also kam das Feuer über das Land und viel Wehklagen im Geheimen. Die Mächtigen aber waren sich nicht einig. War der Fremde nun ein Bettler, ein

Aufrührer, ein Dummkopf? Inzwischen war er größer und stärker geworden. Seine Stimme dröhnte durch das ganze Land, das erbebte unter den Stiefeln seines Gefolges. Da dachten einige von ihnen, dass seine Zeit kommen werde und es besser sei, sich mit ihm zu verbünden, denn sonst werde er alles zerschlagen. Wenn sie sich aber mit ihm verbündeten, blieben ihnen die Macht und der Reichtum erhalten.

Zwar dachten nicht alle so, denn es gibt auch Gute und Gerechte bei den Reichen. Deren Stimmen wurden aber nur selten noch gehört. Zu laut war das Gebrüll der Massen, das den abgerissenen Wanderer als ihres gleichen und doch königsgleich auf den Thron erhob, auf dass er ihnen Lohn und Brot gebe und ihr Elternhaus säubere. Sie sahen aber nicht vor Wut und Zorn, vor Elend und Dummheit, dass jene, die sie hinauswerfen wollten, ihre Brüder und Schwestern, ihre Eltern, Kinder und gute Nachbarn waren. Einige von ihnen, die es wohl sahen, dachten vielleicht: ‚Ich war es schon lange leid. Lieber esse ich ihr Brot, als dass ich meines mir ihnen teile.' So verschlossen sie Herz, Augen und Ohren.

Und so geschah es, dass die schwarze Seite, die in jeder Seele, in jedem Volk, in jedem Lande wohnt, zu wuchern und zu wachsen begann. Bald erreichte sie jedes Dorf und jede Stadt. Es brannten die Häuser und es brannten auch die Menschen. Auch schleppte man sie zu Hunderttausenden und Millionen fort. Die klagten kaum. Elend, hoffend, wartend, darben sie sterbend dahin. An dem Einen oder der Anderen fand wohl einer der Mächtigen noch seinen Gefallen. Der Eine oder Andere erblühte noch im Angesicht des Todes. Nur wenige wurden von erbarmenden Seelen gerettet. Schwer lag die dunkle Last über dem ganzen Land.

Die neuen Mächtigen aber wurden noch mächtiger. Das Volk huldigte ihnen, denn seine Not hatte ein Ende. Es gab Arbeit. Es gab Brot. Die Mächtigen jedoch forderten Tribut. Sie forderten Blut. Sie forderten das Blut der Väter und Söhne, später auch der Kinder und Frauen. Sie überzogen die Welt mit Krieg. Ihre Wahrheit sollte die Welt beherrschen und alles Übrige auslöschen. Und es gab in der Welt Bewunderer, die dem tatenlos zusahen, was geschah.

Wohl flohen viele aus dem Lande zwischen Bergen und Meer, versuchten zu entkommen und hofften auf Hilfe im fremden Land. Einigen wurde Hilfe gewährt. Etliche schickte man fort. ‚Was ficht mich das Elend der anderen an? Haben wir davon nicht selbst genug?' So dachte man wohl und erging sich in tröstenden Gedanken, dass das alles so schlimm wohl nicht sei?

Da nun aber die dunkle Macht ihre gierigen Hände auch nach ihren Ländern ausstreckte, begannen die Mächtigen der anderen Länder zu zweifeln. ‚Sollten wir uns auf ihre Seite stellen oder uns gegen sie erheben?' Die dunkle Macht antwortete grollend.

Sie schickte ihre düsteren Boten in die Welt. Schon bald folgte ihnen das Geheul der Sirenen. Jetzt endlich standen sie auf, Hand in Hand, den Schild erhoben gegen jenes feindliche Land.

Und also fielen sie her über das Land zwischen Bergen und Meer, auf dass es sich in eine Öde verwandele und sein Hochmut in bittere Scham und seine Enkel noch das Leid der Welt tragen mögen, die nun versank in Blut, Feuer und Asche. Und wieder reckte der Arme seinen nackten Arm gegen den Himmel: „Gerechtigkeit", rief er, „Gerechtigkeit!"

„Gerechtigkeit!" So forderten es die Vertriebenen, die Toten, die grausam Gequälten. „Wehe", rief die liebende Seele, „wehe allen Völkern, denn Leid gebiert neues Leid. Ist zur Versöhnung keine Zeit?"

So standen die Richter über dem Land, dem einst stolz sich über alle erhebenden, nun im Todeskampf liegenden. Sie zogen die Üblen hervor, damit die Welt sie sehe und richte. Manch einer jedoch, auch der einst arme, abgerissene Wanderer und seine Gesellen entzogen sich. Vorher schon traten sie vor den höchsten Richter hin. Sie boten ihm die Stirn und riefen: "Was forderst du von uns? Wollten wir nicht das Gute?!" Die Antwort verhallte vom Volke ungehört in der Unendlichkeit. Der Anderen wartete die Strafe, der Henker, der Kerker. Einige entkamen, viele vielleicht. Sahst du bei ihnen Reue?

Aus der Asche erwachse neues Leben, aus Tränen, Blut und Not ein neues Volk.

DRESDEN 1945

Ein großartiges Fest, das sich hier im Saal ereignet. Alles ist erschienen, was Rang und Namen hat, gibt sich der Stimmung des Augenblickes hin. Festlich gekleidete Menschen, wohin ich auch schaue. Nachdenklich, mitunter träumerisch verweilend, wandele ich umher. So zauberhaft ist unser Dresden, so leicht und beschwingt.

Am anderen Ende des Saales erblicke ich meine gerade eintretende Freundin, die sich mir lächelnd, zuwinkend nähert. Ein SS - Offizier spricht sie an, verwickelt sie in ein Gespräch. Das bedeutet, ich ahne es, nichts Gutes. Plaudernd sehe ich sie noch eine Weile, während die Welle der Tanzenden mich umwogt. Als ich sie erneut erblicke, entführt er sie. Sie folgt ihm widerstrebend.

Mir stockt der Atem. Sie kehrt nicht mehr zurück.

Plötzlich Tumult um uns herum. Wir müssen alle fort. Der Offizier erscheint, schwarze, unheilvolle Gestalt. Nur ein letzter Zug geht noch aus Dresden. So verlassen wir das Fest, eilen fort, ihn noch zu erreichen, die Stadt zu verlassen.

Kein Licht darf im Zug entzündet werden. Die Engländer sind im Anflug, bombardieren Dresden. Die Waggons tragen ein rotes Kreuz, das uns wohl schützen soll, auf dem Dach. Silberhell leuchtend steht der Mond am Himmel. Wir fahren durch die Nacht. Der letzte Zug, hinter uns das Chaos. Da öffnet sich die Tür. Er ist in demselben Zug. Ein schlechtes Omen. Wir fahren durch die Ebenen. Marschlandschaft, Deiche, Fischreiher. Vor uns öffnet sich ein großer, modriger Tunnel: Das Ende?

DRESDEN   1989

Niemand sieht, wie er das Haus verlässt. Nebel liegt über der kleinen Seitenstraße, während er leisen Schrittes über das Kopfsteinpflaster gleitet. Sein weißes, schütteres Haar liegt sauber von rechts nach links gescheitelt auf seinem Haupt, das sich leicht nach vorn neigt. Im Schein der Straßenlaterne rechts an der Ecke, diffuses, mildes Licht. Ein Igel raschelt im Laub. Die Aktentasche hält er fest unter den Arm geklemmt, während Dresden schläft.

Nicht alle schlafen. Fast lautlos nähert sich die schwarze Limousine, die hart neben ihm stoppt. Er nickt angedeutet, die Tasche durch ein herabgelassenes Seitenfenster hinein gleiten lassend. Kurz nur sieht er auf das feiste, glatte Gesicht mit dem kurz geschorenen Haar, dessen Züge sich wie immer dem vollen Zugriff entziehen. Mit sanftem Surren gleitet das Fenster wieder nach oben und ebenso unsichtbar, unhörbar wie sie gekommen, entschwindet die Limousine im Dunkel der Nacht.

‚Wie lange noch, ' denkt er, ‚wie lange noch? ' Einige Bögen schlagend, gelangt er wieder zum Haus, unbemerkt. Im Wohnraum brennt die mit einem Tuch verhüllte Schreibtischlampe, seine Anwesenheit vortäuschend, wenn er aus dem Hause geht. In der Lade links verwahrt er einige Listen, die eifrige Arbeit nachweisen sollen, nichtssagende Aufzeichnungen für den Fall einer Kontrolle. Konnte er überzeugen? Müde und doch beschwingt fühlt er sich, als in dieser Mainacht 1989 ein leiser Frühlingshauch wie eine Ahnung durch das noch offene Fenster weht.
Hüben wie drüben würden alte Kader auf ihre Weise ihre Arbeit fortsetzen auf lange, lange Zeit.

PAUL

Paul wähnt, die Augen zu öffnen. ‚Warum bin ich so klein‘, denkt er, , ich bin doch ein Mann? Und was macht das Pferd in der Tür‘?

Das geschieht, während um ihn herum Verzweiflung herrscht. Der Doktor ist gegangen, nachdem er seinen Tod festgestellt hat. Neben ihm kniet seine Mutter, die mit einer Stecknadel Millimeter für Millimeter in seine Fußsohlen sticht, ihn nicht aufgeben will. Und endlich: Eine Reaktion! Paul zuckt! Paul lebt! Paul ist zurück! Paul ist 3 Jahre alt. Wir schreiben das Jahr 1910.

Jahre später: 1919 Hunger und Arbeitslosigkeit für Millionen. Die Mutter ist krank. Der Arzt und die Medizin sind so teuer. Paul hilft seinem Vater bei der Arbeit als Obstpflücker bei den Bauern, um Geld für den Arzt zu verdienen, damit die Mutter gesund werden kann.

Alle hungern. Die Geschwister drücken sich an der Schaufensterscheibe des Bäckers die Nasen platt. „Ihr hättet wohl gerne ein Stück Kuchen?“ fragt Paul. Stolz geht er hinein und kauft einige Teilchen für seine Schwestern und seinen Bruder, während die Gemeinde, wie so oft, im Haus der Eltern versammelt ist und betet.

Das Kind ist klein und zart. Schlosser wird er, der Paul, der gute, kluge Schüler. Eine Lehre macht er. Schlechte Zeiten, immer noch. Schwere, harte Arbeit für den Jungen, der zäh ist, gut sein will. Nach der Lehre kommt die Walz. Vom Rheinland aus wandert der Geselle, arbeitet hier und da bei einem Meister, lernt begierig. Bis nach Husum treibt es ihn.   Erste Liebe. Eine reiche Bauerntochter will, dass er bleibt. Paul, das arme, bitter arme Arbeiterkind und die reiche Bauerntochter. Er kann nicht. Es geht nicht. Paul geht. Er wandert zurück. Zurück nach Haus, zurück zu Hunger, Not und Arbeitslosigkeit. Er ist ein Mann geworden.

1927 Mal hat Paul Arbeit in der Fabrik, dann wieder nicht. Man stellt ihn immer wieder ein und immer wieder wird er entlassen wegen Arbeitsmangel, immer dieselbe Fabrik. Mit einem Kumpel baut er eine alte Nähmaschine zur Säge um, produziert mit ihr Lampenschirme, die sie verkaufen, um zu überleben. Paul ist stolz. Not macht erfinderisch.
Sorge um die Mutter, die nicht gesund werden kann und die er so liebt. Sorge um die Familie. Not herrscht überall. Was folgt sei hier nicht beschrieben, nur so viel: 1932. Paul heiratet gegen alle Widerstände seine große Liebe, Tochter aus gutem Haus, aber unbemittelt. Sie bekommen 10 Kinder. Er wird fast 84 Jahre alt.

Wer ihn kennt, wird ihn nie vergessen.

GERTRUD

Ein fein gedeckter Tisch, Damast, Brokat, Kristall. Die Familie ist versammelt. Heinz, der nichtsnutzige, älteste Bruder, dessen Schäferhund unter seinem Bett schläft und nun unter dem Tisch liegt. Er, der trotz aller Brüche Gertrud und sie ihm die Treue bis ans Ende seines Lebens hält. Willi, der Mittlere, der nie wirklich in Erscheinung tritt und Josef, der geliebte, jüngste Bruder, dem später ihr eigener Jüngster so ähnlich sieht. Die Mutter, eine feine, feinsinnige Frau mit verarmten, adeligen Vorfahren, wie später Gertrud, Liebe und Wärme verbreitend. Der Vater, Beamter in Kaisers Diensten, ein allseits beliebter und geachteter Mann, gut sorgender Vater.

Man ist gläubig katholisch, spricht das Tischgebet.

Gertrud besucht das Lyceum, die Höhere - Töchter – Schule, lebt in ihrer romantisch verklärten Welt, bestimmt für ein Leben in der gehobenen Gesellschaft. Sie träumt von fernen Reisen, fremden Kulturen, einem sozialen Beruf. Alles ist wohl geordnet. Absehbar, dass sie einen gut situierten Mann heiraten wird, doch das Schicksal hat andere Pläne.

GERTRUD UND PAUL

Als Heinz seiner späteren Frau Elisabeth, Pauls Schwester, begegnet, kreuzen sich die Wege von Gertrud und Paul. Eine Begegnung der Gegensätze, Feuer und Wasser, kaum denkbar zu dieser Zeit: Bürgertum und Arbeiterleben, streng gläubig katholisch, streng gläubig evangelisch.

Die Gegensätze verbinden sich. Verbotene Liebe, die nicht voneinander lässt. Gertruds Vater untersagt die Bindung. Beide wagen das Ungeheuerliche, zeugen unverheiratet ein Kind, um den Vater umzustimmen. Er bleibt hart. Nur wenige Monate vor der Entbindung erzwingt die Großmutter die Zustimmung zur Heirat.

Die Frau erhält den Status des Mannes.

Der einst geliebte und geachtete katholische Priester schleudert der evangelisch heiratenden Gertrud in der Kirche ihre Papiere entgegen. Sie verliert ihre Kirche, ihre Freunde, ihre Beziehungen, weil sie Paul folgt.

Für Gertrud tritt Paul, der aus Geldmangel seine Techniker-Abendschule aufgegeben hat, in den Staatsdienst ein, bringt es später vom zunächst einfachen Schienenarbeiter bis zum stellvertretenden Werkmeister. Er baut ein Haus, in dem sie gemeinsam mit ihren Kindern leben. Er kultiviert das Land, bebaut den Garten mit Liebe und Erfolg, macht Erfindungen, die er aus Geldmangel nicht anmeldet, musiziert für sich und seine Lieben. Die Rosen in seinem Garten blühen nur für seine Frau, gegen die niemals jemand auch nur ein böses Wort richten darf. Beide singen mit wunderschönen Stimmen. Sie schreiben, dichten, leben mit Hingabe füreinander und für ihre Kinder. Trotz ihrer Armut in frühen Jahren sind sie hilfreich gegen alle, die ihre Hilfe brauchen. Auch in Zeiten eigenen Hungers und der Not teilen sie mit den bettelnden Leuten, die durch das Land ziehen. Sie ermuntern ihre Kinder, von denen jedes werden darf, was es mag, zu lernen, ohne jemals diesbezüglich Zwang auszuüben, und ein anständiges Leben zu führen. Sie erziehen mit Liebe, Strenge, auch Härte, wenn auch nicht jeden gleich.

Nach der Geburt des 10. Kindes, 1953, verunglückt Paul nahezu tödlich. Gertrud erzwingt die Herausgabe ihres Mannes, pflegt ihn aufopfernd über ein Jahr hinweg bei Tag und Nacht, bringt ihn vollständig zurück ins Leben. Beide erleben noch weitere 26 gemeinsame Jahre.

Jedes ihrer Kinder geht seinen Weg.

Paul, der Gertrud zehn Jahre überlebt, bleibt bis zu seinem Lebensende bescheiden, genügsam, familiengebunden, wandelbar und wissenshungrig.

Gertrud träumt noch oft von einem schöneren Leben. Hamsterfahrten in den Zeiten bitterer Not sind ihre größten Abenteuer. Sie führen sie in dieser Zeit vom Rheinland, wo die Familie lebt, bis nach Cottbus, weit im Osten. Sie liebt das Edle, Schöne, verliert nie die Sehnsucht nach der Ferne. Ihr Leben gilt ihrem Mann und ihren Kindern.

Gertrud wird 69 J. alt.

SONNTAG   1958

Die Mutter arbeitet am Herd. Der Vater kommt singend durch die Hintertür. Wunderschön tönt seine Stimme: „Wer uns getraut, so sprich, ach du! Der Dompfaff, der Dompfaff, der Dompfaff hat uns getraut, … ." In der Hand Rosen aus dem Garten, nur für seine Geliebte, seine Frau, die Mutter seiner Kinder. Sie errötet verlegen. Die schwarzen Augen blitzen. Der Vater lacht. Ein Geheimnis, das beide eint.

So viele Dompfaffen leben im Wald.

EINE SELTSAME HÜHNERKRANKHEIT

Ein Hof voller Tiere: Enten, Hühner, Truthähne, Tauben und Kaninchen. Zu Ostern kamen die kleinen Küken auf die Welt, süße, gelbe, piepsende, weiche, zarte Knäulchen. Ihre Herzchen schlugen so schnell, wenn Papa sie uns in die Hand gab und wir sie halten durften.

Die Hühner bekamen gutes Futter, obwohl es teuer war. Papa achtete darauf. Den Tieren ging es gut, solange sie lebten. Sie lebten für unseren Bratentopf. Es war das Fleisch der kleinen Leute. Der Hunger war zu dieser Zeit oft so groß, dass ich mir heimlich die Weizenkörner aus dem Hühnerfutter klaute. Dem Papa hätte es das Herz umgedreht, wenn er das gewusst hätte. Er hat uns sogar abends wieder seine Brote mitgebracht, damit wir mehr zu essen hätten. Hasenbrote hieß das. „Kinder, ich hab' euch Hasenbrote mitgebracht".

Ich fütterte die Tiere gern. Sie waren so aufgeregt, wenn es Futter gab, ganz besonders die Hühner. In der schlechten Jahreszeit waren sie in einem Stall unterhalb der Terrasse untergebracht. Eine große, schwere Eisentüre lag schräg über dem Eingang. Es war etwas schwierig für mich, sie zu öffnen. Irgendwie schafften es immer einige Hühner, hinaus auf den Gang zu gelangen. Wenn ich die Türe öffnete, flogen sie aufgeregt in die Luft, mir auf den Kopf. Dann fand ich sie einfach nur doof. Sie glotzten und pickten. Ich mochte weder ihre Füße, noch

90

ihre Schnäbel. Besonders schlimm war es, wenn ein Iltis oder Wiesel in den Stall gelangt war und die Hühner angefressen hatte. Das ist weiß Gott kein schöner Anblick.

Im Sommer hatten die Hühner draußen ein schönes und bequemes Leben in ihrem Stall auf dem Hof mit dem großen Auslauf. Ich sah ihnen gerne zu, wie sie gemütlich da saßen oder scharrten und ärgere den Hahn, indem ich seinen Schrei imitierte und der sich immer wieder auf dieses Spiel einließ.

Eines Tages, die Enten hatten in einer ausgedienten Wanne im Garten geplanscht, hatte ich die Idee, unsere Hühner könnten auch einmal ein Bad gebrauchen. Also nahm ich eins nach dem anderen und tauchte und badete es. In den nächsten Tagen wurde ein Huhn nach dem anderen krank. Papa wunderte sich über die seltsame Krankheit. „Wohl eine Lungenentzündung", meine er, obwohl er es nicht recht begreifen konnte. Es ging ihm sehr nahe. Ein Sonntagsbraten nach dem anderen verschwand so statt in den Topf in die dunkle Erde. Hühner haben keine solche Schutzschicht, wie die Enten. Sie hatten sich alle erkältet. Die Wahrheit habe ich meinem Vater nie gestanden. Obwohl er nie seine Hand gegen mich erhoben hat, für diese Tat hätte er mich mit Sicherheit windelweich geschlagen und mein armer Popo hätte lange nicht mehr zum Sitzen getaugt.

Manche Phänomene haben eben doch ganz natürliche Ursachen.

DER SONNTAGSBRATEN

Gestern noch liefst du über den Hof, kleine Spielgefährtin, zutraulich und lieb, wie ein kleines Hündchen. Du kamst mir erwartungsvoll entgegen, wenn ich von der Schule kam und wärest mir, hätte Mama es erlaubt, ins Haus gefolgt. Dein runder Schnabel hackte nie und deine Watschelfüßchen machten deinen Gang so lustig. So lieb schauten deine Augen.

Es ist Sonntag. Bratenduft zieht durch das Haus. Freude auf ein leckeres Sonntagsessen. Die ganze Familie am Tisch und auf ihm der Braten. Was ist das? Unsere Ente. Unsere Ente?!!! Tränen in aller Augen. Alles schluckt. Keiner, der auch nur einen Bissen nähme. Da liegt sie nun, die kleine Freundin, gebraten, wie ein gewöhnliches Tier.

Auch dem Vater ist nun elend. Er der Schlächter, der Mörder, - der gute Versorger.

Mein Gott, was hätte er tun sollen, dazu war das Tier nun einmal da. So viele hungrige Mäuler, selten und wenig genug gab es Fleisch. Er arbeitete hart für alle und nun das. Schuldig? Ist er schuldig? Er grämt sich. Er leidet.

Ich bin noch ein kleines Mädchen, das seinen Papa bewundert. Auch ich gucke ihn an. Was sagt man bloß dem Kind? Er sagt: „Sie musste sterben. Sie hatte den Bauch voller Eier, die sie nicht legen konnte. Daran wäre sie gestorben. Ich habe sie lieber geschlachtet."

Der arme Papa. Niemand wollte den Braten und ich weiß nicht, ob er es fertig brachte, ihn zu essen, nachdem wir fertig waren. Arme, kleine Ente, armer Papa. Als er sehr, sehr alt war, wir alle haben die Ente nie vergessen, sagte er mir, wie leid es ihm tat und hätte er es gewusst, hätte er sie nie getötet. Ich glaube ihm. Nun ist er dort, wo erst unsere Ente und viel später Mama ihm vorausgegangen sind – im Himmel. Gott segne Euch.

DER TRAUMPRINZ UND SEINE TRAUMPRINZESSIN

Wenn du heim kommst, schließt du mich in deine Arme, küsst mich liebevoll. Du gönnst dir etwas Ruhe nach einen stressigen Tag. Eine Tasse heißen Tee, ein kleiner Spaziergang zu zweit, bei dem die Sorgen davon fliegen. Gemeinsam bereiten wir das Abendbrot, essen, reden, lachen, kuscheln. Die körperliche Liebe kommt, wenn sie kommt, als ein Geschenk und festigt unser Band.

Für jeden noch etwas   Zeit allein, mit eigenen Gedanken, eigenen Wünschen. Ein gutes Buch, Musik, eigene und gemeinsame Freunde, alleinige und gemeinsame Unternehmungen. Wir lieben es, einander zu entdecken und doch wir selbst bleiben zu können. Wir genießen die Vertrautheit, das Vertrauen, die Offenheit und wünschen uns, dass es so bleibt. Wir wollen fest zueinander stehen, wenn wir Schweres zu tragen haben. Gemeinsam werden wir es schaffen. Wir geben einander Mut und Kraft. Wir nehmen die kleinen Eigenheiten des Anderen mit Großmütigkeit hin. In Liebe helfen wir einander, gemeinsam einen guten Weg zu gehen. Wir sind ehrlich im Umgang miteinander und der Planung unseres Lebens.

Wenn wir Kinder haben, sorgen wir gut für sie. Wir erziehen sie zu Menschen, die fest im Leben stehen mit Liebe, Güte, Konsequenz zum Segen aller. Wir sind ihnen ein gutes Beispiel. Wir sind Eltern unserer Kinder, jedoch immer ein liebendes Paar, auch im Streit. Wir versöhnen uns aufrichtig, pflegen unsere Liebe und gehen in eine gemeinsame Zukunft. Auf dass dieser Traum Wahrheit werde.

KAISERFRÜHSTÜCK

Wann habe ich diesen Gang zum ersten Mal er-
blickt? War es, als ich kindlich spielte oder als ich
heran reifend, jeden Winkel erkundete? Der sonst
so harte, festgetretene, braungelbe Boden unter
meinen Füßen schien zu federn und also begann
ich, mit bloßen Händen, die Steine aus ihm heraus
zu lösen, das Erdreich sorgsam beiseite zu räumen.
Ein Geräusch nahe der Türe ließ mich heftig zu-
sammenfahren. Blitzschnell schob ich mein Bett
über die sich bildende Grube, legte mich scheinbar
arglos und halb schlafend darauf. Durch meine, nur
wie winzige Schlitze geöffneten Augen gewahrte ich
den prüfenden Blick der alten Kinderfrau, die, sich
forschend umschauend, den Raum ratlos wieder
verließ.
Nun trieb mich die Neugier weiter voran, Tag für
Tag. So fand ich ihn, den weitläufigen Gang im ge-
heimen Labyrinth der Gänge unter meinem Eltern-
haus, von wo es sich weiter verzweigte und niemals
zu enden schien.

Ein kleiner Stein war es, der meine Aufmerksamkeit
weckte, in eine mir unbekannte Richtung wies, blau,
schillernd, faszinierend, unergründlich. Ich folgte
seiner Spur. Wie Hand in Hand folgte ein Stein dem
anderen, bis der Gang sein Ende fand. Atemlos
schaute ich auf den Ring in der Platte, einer fein
ziselierten Tafel über mir.

Zunächst genügte mir diese Eroberung, stillte meinen Drang nach Entdeckung, Abenteuer und Ausbruch aus einer engen, sorgsam behüteten Welt. Sodann begann ich heimlich Decken, Kissen und andere nützliche und schmückende Utensilien, die ich, wo auch immer im Hause fand, zusammenzutragen, mir ein gemütliches Lager, eine mir einzigartige Heimstatt zu schaffen. Während die Dienerschaft des Diebstahls verdächtigt wurde, gestaltete ich meine Höhle, meine sichere Zuflucht am Ende dieses Ganges.

Indessen mehrten sich im Hause die Reden über mein künftiges Schicksal. Ein Flüstern der Diener zuerst, dann Andeutungen der Mutter, schließlich Reden des Vaters über einen bedeutsamen Mann, dem die Ankündigung seines Besuches folgte.

Mit kindlich naiver Neugier verfolgte ich all dieses auch an jenem Abend, da er unser Haus betrat. Hinter einem Vorhang verborgen sah ich ihn, den mächtigen Vertrauten des Kaisers, der auch mich auf seltsame Weise in seinen Bann zog.

Tief in ein vertrautes Gespräch verwickelt, dessen Inhalt zu verfolgen mir unmöglich war, klarte sich des Vaters Miene auf. Strahlend umarmte er jenen Mann, der mich bald sein eigen nennen sollte. So forderte es der unverrückbare Spruch des Vaters am folgenden Tage. Die Familien sollten sich verbinden, den Aufstieg des Vaters sichern, ich als

Tochter folgsam sein. Mein Wunsch, mein Wille, meine Träume? Welche Gedanken!

Ob ich ihn mochte? Ob ich ihn lieben könnte? Wer wagte, danach zu fragen? Die Mutter heuchelte unter Tränen Freude, gratulierte mir zu meinem großen Glück, wies die Kinderfrau an, mich auf meine künftige Rolle vorzubereiten. Hierauf zog sie sich zurück in ihre Gemächer, in ihre Träume, in die ihr niemand zu folgen vermochte.

Die Wirklichkeit fiel auf mich, während die Tage, die Zeit, wie im Traum vergingen. Mein künftiger Gemahl war oft und gern gesehener Gast im Hause, aufrichtig aufmerksam auch gegen mich mit Geschenken, die mein Herz, das suchte, bewegen sollten. Er war angenehm, der Weg war bestimmt, der Bund schon bald besiegelt. So, nach großem, feierlichem Fest, folgte ich in sein Haus.

Tag folgte auf Tag, Mond auf Mond. Das Leben glitt dahin in Frieden und Stille, in mir seltsam fremder Erwartung, in Sehnsucht nach meinem heimlichen, unterirdischen Reich, das nun verwaiste. Plötzlich lärmte es ums Haus, die Ruhe zerbarst, gab den Blick frei auf einen großen Tross, der sich auf uns zubewegte. Boten zeigten sich, eine Nachricht überbringend, die meinen Gemahl abberief in den kaiserlichen Palast. Sein gerührter Abschied hinterließ in mir keine Folgen. Einen guten Freund sah ich ziehen. Wie ein Leichentuch breiteten sich die Sittsamkeit und Einsamkeit über das weitläufige Gemäuer, das meine Heimat heißen sollte.

Das alte Feuer entbrannte. So sehr sehnte ich mich nach meinem heimlichen Nest, dass ich Krankheit vortäuschte, die tröstende, pflegende Nähe meiner Eltern suchend.

Besorgt bereitete die Dienerschaft den Umzug vor, derweilen die Nachricht kam, dass mein Gatte sich zum Feldzug vorbereitete, der ihn viele Monde fernhalten würde.

Kaum endend war die Freude im Hause der Eltern, nur leicht bedeckt von Sorge, da sie schnell erkannten, dass die Sehnsucht mich dorthin trieb. Mein Zimmer war auf das Feinste hergerichtet, wohl ausgestattet mit allem, was ich mir erträumen konnte.

Schon fürchtete ich, bei all dem Putzen und Räumen habe man mein Geheimnis entdeckt, doch wenn es so war, wusste man es geschickt zu verbergen.

Stürmisch heiße Sommertage zogen dahin, weiße, jagende Wolkenfetzen an azurblauem Himmel, funkelnd von Milliarden glitzernder, strahlender Sterne in der Nacht, von nahezu unwirklicher Schönheit und Pracht. Der Dienerinnen Blicke ruhten forschend auf meinem Leib, der sich wohlig zu formen begann, doch schien er ihre Hoffnungen nicht zu erfüllen. So entzog ich mich erneut, ihnen zu entgehen.

Meine Mutter warf mir bedeutungsvolle Blicke zu mit seltsamem Glanz in ihren Augen, wie wissend um eine Tat, die ich wissentlich nie getan, um Gedanken, die nie gedacht und ein Fühlen, das ich nie gefühlt. Ein Einverständnis, das mir zuvor nie begegnete.

Ein Traum ließ mich hochschrecken in einer dieser unruhigen Nächte, die von Sorgen, Hoffen und Bangen um unsere Lieben, die unser Land schützen sollten, erfüllt waren. So lag ich dort im Arm eines Mannes, wohlig geborgen, der mir nie begegnet war, mich jedoch magisch anzog, mit dem meine Seele eins wurde. Ein Traum nur, ein Traum und doch so beunruhigend, so aufwühlend, dass ich das Bedürfnis verspürte, hinab zu steigen in jenen dunklen Gang, den ich frei gelegt hatte, hinunter in mein geheimes Reich. Dort, auf weichen Kissen, den silbernen Leuchter entzündet, kehrte Ruhe ein. Meine Blicke schweiften, wanderten zu der verzierten Tafel über mir. Was trieb mich, an jenem Ring zu drehen? Die Platte glitt lautlos zur Seite, gab die Sicht auf ein prächtiges Gelass frei, dessen Glanz und Wärme mir zu angenehm erschienen, sie nicht entdecken zu wollen. Es gelang mir, durch kleine Einlassungen in der Wand hinauf zu steigen. So, ein wenig angestaubt, mit glühenden Wangen, stand ich nun inmitten des Raumes, ausgestattet mit seidigem Bett, wundervollen Spiegeln, kleinen, kunstvoll gefertigten Möbeln, wie einem Sekretär und einem Tischchen mit einem Wasserkrug, Schüsseln, Kämmen, Bürsten, Duftwassern und Blumen. Andächtig versunken betrachtete ich diese neue Welt.

Ein leises Räuspern hinter mir ließ mich zusammenfahren. Aus den Augenwinkeln gewahrte ich ihn, das Blut in den Adern brausend, unfähig, mich zu bewegen, auch nur einen winzig kleinen Ton hervor zu bringen. Lächelnd kam er näher. Seine Kleider, seine Haltung, seine Erscheinung, dieser Raum ließen nur einen einzigen Schluss zu: Ich begegnete dem Kaiser. Amüsiert kräuselten sich seine Lippen, seine Augen lachten, seine Stimme traf mich wie Glockenhall. Kaum gewahr, mich auf den Beinen zu halten, drohte ich augenblicklich in eine Ohnmacht zu fallen, so dass mich seine Arme halten mussten, wo ich mich dort, wo ich im Traume war, wiederfand.

Im Traum versanken unsere Reden. Der Boden schien uns zu entgleiten, Reisenden durch Zeit und Raum, wiedergefunden an diesem Ort. Unschuldig waren wir, unschuldig blieben wir bei dieser Begegnung unserer Leiber, unserer Geister und unserer Seelen, kaum ahnend, was vor uns lag. Es wurde Morgen, es wurde Tag. Speisen und Getränke wurden aufgetragen von verschwiegener Dienerschaft.

Die Zeit überschlug sich, wie unsere Herzen, die ein unzertrennliches Band umfing, als ein Schuss sich löste aus einem Gewehr hinter einer plötzlich sich öffnenden Tür, meines Gatten hassverzerrtes Angesicht sich nähernd meinem Geliebten dieser Stunde, der vor mir, in meinen Armen, sein Leben aushauchte.

Entsetzen ließ mich erstarren. Gedanken, Bilderfetzen rasten in meinem Hirn, mein Herz krampfte. Wie er gekommen, so war er entschwunden, der

Gatte, der Mann, dem ich anvertraut war und der nun so unser aller Leben zu zerstören drohte. Ehre konnte er nur noch im Kampf gewinnen, wohin er zurückstürmte, um hierauf ein Reich zu gewinnen.

Traumwandlerisch öffnete ich die Luke im Boden, welche ich, nachdem ich hinabgestiegen, sorgsam wieder verschloss. Einsamkeit überfiel mich und nie gekannte Trauer.

Mein Gatte fiel noch in dieser Stunde im Kampf. So verlor ich am gleichen Tage Mann und Geliebten, doch niemandem offenbarte ich, was geschah. Auf meinen Kissen unter dem Gemach erlebte ich die Revolte im Palast über mir, doch konnte mir nichts geschehen, war ich doch nur ein unbewaffnetes Weib gewesen, welches sein Frühstück mit dem Kaiser teilte. Tiefer, aufwühlender und dennoch erholsamer Schlaf, langsames Erwachen am dritten Tage, führten mich zurück in meine Welt, die mich verwundert, doch ohne Fragen, wieder aufnahm.

Frei war ich nun von aller Pflicht und unter den bewundernden Blicken aller Frauen rundete sich mein Leib, um das hervorzubringen, was nur Frauen eigen ist.

EVA

„Es ist noch zu früh, zu philosophieren, Eva!" pro-
testierte Maria. Sie reckte sich und dehnte ihren
Körper, der noch im Irgendwo zu verweilen schien.
Zu lange hatte sie gestern oder war es schon heute,
die Nacht mit 'ihm' geteilt, um dann selig einzu-
schlafen. Nun hatte Eva sie geweckt, wie immer
darauf bedacht, zu erfahren, was ihre Freundin be-
schäftigte. So war es seit Urzeiten gewesen und
niemals würden sie diesen Bund lösen, der sie tief
im Innersten verband.

Eva - . Maria hatte sie entdeckt, als sie, ver-
knautscht und verwühlt eines Morgens erwachte.
Ihre Stimmung war nicht gerade zum Besten gewe-
sen. Sie sah auf den Mann in ihrem Bett, der sich in
seine Decke eingerollt hatte, fest verschnürt, als
wollte er nicht einen Zentimeter von sich sehen las-
sen. Sie hatte die Nacht mit ihm verbracht. Wovor
musste er sich schützen?
Maria ging ins Bad. Dort wartete Eva. „Wie war's?"
wollte sie wissen. Verblüfft sah Maria auf die Frau
neben ihr. „Eva", sagte diese. „Ich heiße Eva."
‚Großer Gott, das ist zu viel', dachte Maria, noch
schlaftrunken. ‚Ein Mann, der zu müde ist oder weiß
der Himmel was, das mag noch angehen, das mag

102

Gründe haben, aber eine fremde Frau in meinem Bad, das ist absurd'. „Nicht für mich", antwortete Eva. „Gedanken liest du auch noch? Würdest du die Güte haben, mir zu verraten, was du in diesem Bad suchst um dann schleunigst wieder verschwinden, woher auch immer du gekommen bist?" „Ganz ruhig bleiben", antwortete Eva, „setz dich hierher, auf den Wannenrand" und rutschte beiseite. Maria war zu durcheinander, über die Logik der Ereignisse nachzudenken, also setzte sie sich neben sie. Und so redete Eva:

„Nicht zufällig heiße ich Eva, nicht zufällig heißt du Maria. Ich, Eva seit Urzeiten, du Maria, seit es Marien gibt, du weißt schon, die mit dem Gottessohn und weit davor ähnliche. Schicksale sind es, Maria, die uns verbinden und Ewigkeiten. Wir sind es, die die Ewigkeit in uns tragen, wir sind es, die sie weiter tragen. Dich, Maria, gäbe es nicht, hätte es mich nicht gegeben, und meine Sünde Maria, meine Sünde ist die deine. Die Wahrheit aber ist, dass diese Sünde die Wahrheit ist. Die Wahrheit, Maria, verstehst du? Nichts wird mehr gefürchtet, als die Wahrheit. Ich habe geholfen, die Wahrheit zu verbreiten. Merke dir, Maria, wenn du die Wahrheit kennst - und du kennst sie, wie jede Frau, sei klug und verschwende sie nicht. Es ist besser, du hütest sie, besser, du trägst sie in dir. Ein jeder, Maria, trägt seine Wahrheit in sich. Das ist eine der Wahrheiten, die ich dir anvertraue. Ich bin hier, weil es mich gibt in dir und in allen anderen Menschen.

Mein Werk, Maria, war, dass ich Adam liebte. Ja, ich habe ihn geliebt und in meiner Liebe zu ihm habe ich erkannt. Ich habe Erkenntnis gehabt über mich, über ihn, über die Welt um uns herum. Was du heute denkst und fühlst, verdankst du auch mir. Ich aber, ich muss wissen, was du denkst und fühlst, denn ich muss wissen, wie es weitergeht. Eva, verstehst du, Eva, das ist die Menschheit. Maria, Marien sind schön, wunderschön für Männerseelen. Marien sind das, was sie anbeten, nicht fürchten brauchen, das Edle, das Wunderbare, immer Liebende, immer Verzeihende, immer Duldende. Oh, die Männerseele liebt Marien. Weißt du, dass Maria auch Eva ist? Du weißt es. Er weiß es nicht. Er liebt Maria und sehnt sich nach Eva. Eva, das ist das Urweib. Sie redet mit seiner tierischen Seele. Sie weiß alles über ihn. Er sehnt sich nach ihr und fürchtet sich vor ihr. Sie könnte ihn beherrschen, wenn sie wollte. Ach, Maria, als ich dich erschuf, war es Sehnsucht nach meiner weichen Seite. Es war mein Bedürfnis nach einem wunderbaren weiblichen Wesen, das mir vertraut und doch nicht gleich ist. Ich muss wissen, wie deine Geschichte weitergeht. Er fürchtet sich vor dir, Maria. Er fürchtet sich vor dir, weil du zu sehr Eva warst in der Nacht. Er kennt sich weniger, als du. Er fürchtet sich. Mehr noch. Er hat Angst. Er hat solche Angst, wie damals mein Adam. Als er sah, was er getan hat, als ich ihm eröffnet habe, was Wahrheit ist, als unser Sohn in mir reifte und ich aussah, wie eine schwellende

Frucht, bekam er Angst. Lieber tauschte er den Himmel gegen die Hölle. Ich war so voller Freude, aber er, er wollte nicht der Schöpfer dieses Wesens sein, das in mir reifte. Ich glaube, hätte er das Kind töten können, ohne mich zu töten, er hätte es getan. Mich aber brauchte er. Ich war seine Seele. Er hatte noch keine. Er begann, mich zu lieben und wusste es nicht. Er war völlig verzweifelt, rief den Schöpfer an, der dieses neue Wesen schuf. Er glaubte nicht, dass er selbst es war. Mein großer, starker Adam. Statt eines Kindes hatte ich nun zwei. Er jammerte, er klagte. Er beschuldigte mich. „Du warst es! Du hast mich verführt! Wärest du nicht so voller Lust gewesen, wäre das nicht passiert! Warum hast du mich nicht gewarnt, wenn du es wusstest. Ich will das nicht. Ich will die Verantwortung nicht. Ich will dich nicht, ich will mich nicht, ich will überhaupt nichts mehr!" Er war völlig außer Rand und Band. „Nichts, wie weg hier, ich will diesen Ort nicht wieder sehen. Niemand von uns soll ihn mehr lebend wieder sehen". So verbannte er uns und ich musste mit ihm weiterziehen ins Irgendwo. Mit Mühe und Not habe ich ihn wieder zu Verstand gebracht und dazu, dass er uns ein Zuhause schafft, einen Ort, an dem unser Kind wachsen kann. Es war die Hölle, Maria. Immer wieder fällt er zurück, mein Adam. Aber ich habe ihm das Kind gezeigt. Es war so süß, so hilflos. Er mag das. Es erinnert ihn an mich, als er mich traf, beim allerersten Mal und ich so verwirrt war, weil ich ihn so wunderbar fand. Das Kind hat ihn gebändigt. Es war so schön und allmählich verlor er ein wenig seine Angst vor mir. Jetzt denkt er, er sei der Schöpfer. Lange schon denkt er so, bei allem, was er tut. Manchmal erinnert er sich noch: Wenn ich schreie bei der Geburt eines Kindes, wenn er versagt im Bett, wenn er allein ist mit sich, wenn er irgendwo verloren hat. Maria, man hat gesagt, die Vertreibung sei eine Strafe Gottes gewesen für den Sündenfall. Gott, wenn wir uns einigen wollen, das, was uns erschaffen hat, so zu nennen, hat uns aber geschaffen, wie wir sind. Nein, Maria, ich weiß, dass die Schmerzen bei der Geburt der Kinder keine Strafe Gottes sind. Es sind Erinnerungen an die Schmerzen von Vertreibung, von Lieblosigkeit, von Herzlosigkeit, wenn du so willst, selten nur Notwendigkeit der Natur. In diesem Augenblick sind sie besonders stark und die Furcht vielleicht, was geschehen wird. Immer wieder aber habe ich Hoffnung: Wenn es eine Frau wird, wird sie vielleicht die Erkenntnis weiter tragen und die Schmerzen verringern. Wenn es ein Mann wird, wird er vielleicht lernen und erkennen. Du, Maria, bist eine große Hoffnung, aber hör auf, zu leiden!"

„Bei Gott, Eva, du willst dich dem Schöpfer gleichsetzen? Weißt Du, was Du sagst! Das ist Gotteslästerung, eine neue, große Sünde. Lade sie nicht auf uns." „Maria, bei deiner Naivität wundert es mich nicht, dass du ständig in einem Dilemma steckst und seiest du noch so niedlich. Es wundert mich nicht. So solltest du ja sein. Nur aus der Naivität, aus dem Staunen, erwachsen die großen Entdeckungen. In diesem Falle aber irrst du. Ich setze mich nicht ihm gleich. Wenn du mir einen, aber nur einen Gelehrten vorweisen kannst, der mit Recht sagen kann, was Gott ist, wie Gott ist, was er denkt, dann bin ich bereit, hinter ihm zurückzutreten. Du wirst nicht einen finden. Wer oder was auch immer Gott sei, sei versichert, dass meine Achtung, mein Respekt vor ihm so groß ist, dass ich nicht wage, zu behaupten, auch nur einen Bruchteil dessen zu erfassen, denn immer ist es unser Geist, unsere Seele, die in ihren eigenen Bildern spricht, wenn wir es versuchen. Ein wirklich kindliches Spiel, denn immer ist es nur unsere Wahrheit. Diese Wahrheit, Maria, mag ein Teil der einen, großen Wahrheit sein, auch der des Wissens oder Nichtwissens um Gott.

Wir beide, Maria, du und ich, sind Teil dieser Wahrheit, Teil des Wissens und Nichtwissens, dichterisches Produkt, schriftstellerischer, wunderbarer Freiheit, die denken und reden kann, was immer sie mag. Sinn und Nonsens sonderbar vermischt. Wir regen die Fantasie der Menschen an, lassen sie die Grenzen überschreiten, um jenseits dieser Grenzen sich und ihre Welt neu zu finden. Zeige mir deine Welt, Maria und die der Deinen. Zeige mir, was euch berührt, wie ihr denkt und fühlt. Ich werde dir, Maria, meine Welten öffnen und dich das Staunen lehren. Verlange keinen Beweis der Wissenschaft. Du bekommst ihn nicht. Wir existieren hier, Impulse, zeugende Faktoren, Paradoxien, Bausteine des Romans, der nicht verrät, was Traum ist und was Wirklichkeit. Diesen Absatz, Maria, musst du dir gut merken. Er sollte in vielen Büchern stehen, dann wäre die Unklarheit klarer. Die Wahrheit kennt nur Gott. Wir schreiben keine neue Bibel, keinen neuen Koran, nichts werden wir neu schreiben, außer uns selbst. Wir werden Perspektiven verschieben, um, wenn es uns gelingt, neue Wege freizugeben."

„Du redest äußerst merkwürdig, Eva. Ich wüsste schon gern, was du genauer vorhast. Ich lasse mich nicht gern auf Dinge ein, von denen ich nicht weiß, welche Gefahren im nächsten Moment auf mich lauern. Ich bin für festen Boden unter den Füßen, für realistisch greifbare Dinge. Ich bin nicht gern dort, wo nach Kampf gerufen wird, keine Feministin, keine Esoterikerin. Ich will ganz einfach Frau sein, Mensch, verstehst du?" entgegnete Maria, der nicht entgangen war, in welche Tiefen und Höhen Eva geraten und aus welchen Tiefen und Höhen sie gekommen sein mochte.

„Schäfchen", lächelte Eva hintergründig, „ich will nichts anderes. Und, kannst du, wie du willst?"

„Manchmal ist es schwer", antwortete Maria, „schwerer, als ich dachte. Manchmal scheint es mir, als sei die Welt voller Adam." „Sie ist!' behauptete Eva. „Übrigens, in deinem Denksystem klaffen riesige Lücken. Glaubst du wirklich, dass es auch nur irgendeine Art der Sicherheit gäbe? Einzig das gütige Schicksal lässt uns diese Wahrheit immer wieder vergessen, aber dann wieder serviert es sie dir so, dass du wie neu geboren da stehst und wünschtest, du hättest etwas, woran du dich halten könntest. Du schaffst es dir und wieder lebst du in aller Unschuld. Ist das nicht göttlich?"

Die schwarzen Perlen

An einem kalten Wintertag machte sich ein Mädchen auf den Weg, um etwas zu suchen, das nach ihm rief, eine Stimme, die von irgendwo kam und es weit und immer weiter fort führte.

Das Mädchen spürte, dass es wichtig sei, diesen Weg zu gehen und dies Geheimnis zu lösen. Wie das Mädchen so ging, fühlte es in seiner Tasche die schwarzen Perlen, mit denen es sonst zu spielen pflegte. Weil es seinen Rückweg nicht verlieren wollte, ließ es gelegentlich eine dieser Perlen fallen. So, dachte es, sei es ganz leicht, wieder zurückzukehren.

Der Weg führte durch ein schönes, sonniges Tal. Wärme und Blumen waren ringsumher, so dass das Mädchen fröhlich weiterlief und kaum merkte, dass der Weg allmählich immer weiter in einen großen, dunklen Wald führte.

Als es so Stunde um Stunde gelaufen war, war es schließlich ganz finster geworden. Das Mädchen war nun hungrig und fror. Es setzte sich auf einen Stein und war ganz verzweifelt, weil es nicht wusste, wie es weiter gehen sollte. Nun war auch der Rückweg weit und es war so dunkel geworden, dass es die schwarzen Perlen nicht mehr sehen konnte. Da hörte es eine Stimme, die ihm sagte, dass es nicht aufgeben solle, es werde behütet und beschützt und könne ruhig schlafen. Also legte es sich nieder. Seine Träume aber waren unruhig und wild.

Als das Mädchen am Morgen erwachte, schien die Sonne warm. Die Tiere ringsumher sahen es neugierig an. Da fand es auch einige Beeren, die es hungrig aß. Wohlgemut dachte es nun nicht mehr an den Rückweg. Wohl ließ es, ohne weiter nachzudenken, seine Perlen fallen, die seinen Weg zeichneten.

Der Pfad führte hinaus aus dem Wald in eine üppige Auenlandschaft. Jedes Tier, jede Pflanze erregte seine Aufmerksamkeit und doch schien alles weiter zu führen, einem unbestimmten Ziele zu. In der Ferne glänzten hohe Berge. Der Fluss, der die Landschaft prägte, wurde schmaler.

Wie das Mädchen nun weiter und weiter wanderte, gelangte es an einen großen, klaren See, auf dem wunderschöne Blumen blühten. Träumend setzte es sich an sein Ufer. Wieder aufschauend erblickte es eine Insel weit draußen auf dem See, auf dem eine Hütte geduckt unter hohen Bäumen stand. Das Mädchen spürte seine Sehnsucht nach einem Menschen und so machte es sich auf die Suche nach einem Boot, das es hinüber tragen könnte. Der See war so groß, dass es bereits wieder zu dämmern anfing, als es ihn fast umrundet hatte und das Boot im Schilf verborgen entdeckte. In der Hoffnung auf die Geborgenheit der Hütte brachte es das Boot hinüber.

Als das Mädchen nun die Tür der Hütte öffnete, sah es jedoch, dass sie unbewohnt war. Ein großer Topf hing in der Esse im Kamin, vor dem ein weiches Fell lag. Ein Tisch, Stühle, alles stand verlassen da. Zu müde und erschöpft, nach irgendetwas zu suchen, legte es sich auf das Fell und schlief ein.

Nun hatte sich aber vor einiger Zeit, aus einer anderen Richtung kommend, ein Junge auf den Weg in die Welt gemacht. So, halb suchend, halb träumend, zog ihn etwas auf diese Bahn. Als sich wieder einmal Wege kreuzten, fand er eine schwarze Perle. Er nahm sie, neugierig, wie ein Spielzeug betrachtend, auf. Dann steckte er sie, sich wundernd, in seine Tasche. Bald fand er aber wieder und wieder eine. Das Geheimnis, das dahinter lag, lockte ihn. Es reizte ihn, das Rätsel zu lösen.

Der Weg war lang und weit und voller Verwirrungen, aber auch er gab nicht auf. Jede Perle, eine nach der anderen, hob er auf und betrachtete sie nachdenklich. Da er nun die schwarzen Perlen einsammelte, führte auch sein Weg durch dieselbe Landschaft, dieselben Mühen und immer weiter auf den See zu. Es war tiefe Nacht, als er ihn erreichte. Das Mondlicht schimmerte silbern auf dem schwarzen Wasser.

Nachdem er die letzte Perle aufgelesen hatte, träumte er gedankenverloren über den See. Der Mond beschien die Hütte und von tiefer Sehnsucht nach einem menschlichen Wesen gepackt und nach Geborgenheit, schwamm der Junge hinüber. Die

Türe öffnend, sah er, die Hütte fast unbewohnt, ein fremdes Mädchen schlafend auf einem Fell vor dem kalten Kamin. Leise, ohne es zu wecken, deckte er es warm zu. Früh am Morgen, noch in der Dämmerung, schichtete er Holz auf und entzündete ein wärmendes Feuer. Er suchte und fand Dinge, die sie beide essen konnten. Gerade deckte er den Tisch, als er wieder die schwarzen Perlen spürte, die er ebenfalls auf dem Tisch ausbreitete.

Wie er nun zu dem Mädchen hinüber ging und es anschaute, öffnete es die Augen. Schweigend sahen sie einander an. Wie auf dem Grunde eines Sees erblickten sie einander. Beide genossen sie die behagliche Wärme des Feuers, die Freude auf den gedeckten Tisch.

Da sah das Mädchen die Perlen und erschrak tief. Es wusste, der Weg war verloren. Sie schauten sich an und wussten, sie würden ihn nie mehr suchen.

DIE MALERIN

Sie trägt den Keim in sich, der langsam wachsend, zunächst wenig bewusst, sich dann ausbreitet, raumgreifend, vom Herzen her aufsteigend, nach oben drängt, bis er ihr Hirn erreicht, wo reicher Schatz ihm dort zuteil wird, von dem eifrig er sich bedient.

Er wächst weiter, gewinnt Gestalt, diffus, bekommt Konturen, will geboren werden.

Eines Morgens, noch halb träumend, wird sie dessen gewahr. Die Zeit ist gekommen. Nun ist Eile geboten, das Werk will geschaffen werden.

Keine Zeit, sich anzukleiden. Keine Zeit, sich zu waschen. Keine Zeit, zu frühstücken. Die Utensilien liegen bereit. Mit feurigen Wangen, fiebrig, beginnt sie, fühlend, folgend. Das Werk und die Malerin, vereint in dieser Zeit, in diesem Raum, in diesem Geist. Die Stunden vergehen, kaum wahrgenommen.

Ein Kaffee, eine schnelle Wäsche, weitermalen, weitermalen. Das Werk will gemalt sein. Kaum eine Pause lässt es gelten, eilt voran unter ausführenden Händen. Es will, es wird, es gedeiht, es reift heran.

Es wächst und reift und hier ergreift sie die Furcht, da es seiner Vollendung naht: Ein Strich zu wenig, nie wird es ihr genügen. Ein Strich zu viel, alles ist zerstört. Die Angst vor dem letzten Strich. Welcher wird es sein? Die Angst ist in ihr. Das Werk ruft: „Halt!" Es ist getan.

Der letzte Strich, das Werk vollendet. Glühend, glücklich, aus ihrer Trance erwachend, hält sie die Geburt ihrer Seele in ihren Händen.

FANNY

Fanny wachte auf. In ihr hallte noch der Traum der letzten Nacht nach. Sie wurde nachdenklich. Dort hatte sie sich an einem schmutzigen, trüben Wasser befunden. Menschen gingen hinein. Das Wasser begann zu wirbeln, zog die Menschen fort in eine Höhle im Untergrund. Fanny war aufgebracht, versuchte sie oder sich zu retten. Das Wasser wurde klar und durchsichtig, so dass sie auf den Grund sehen konnte. Dort trieben schwarze, aalartige Ungeheuer ihr Unwesen. Vom Ufer her schrie Fanny sie an. Eines der Ungeheuer fletschte seine Zähne und sprang sie an, aber Fanny fing es geschickt auf und hielt es unterhalb seines Kopfes mit ihrer Hand fest gefangen. So sehr es auch fauchte, es konnte nichts mehr ausrichten.

In Gedanken an ihren Traum fand Fanny bestätigt, wie sehr ihre Sexualität gelitten hatte. Ihr Leben war schwersten Belastungen ausgesetzt. Seit Fred sie immer wieder hingehalten und dann hinterrücks betrogen hatte, hatte sie Alpträume gehabt, lange bevor sie einen Verdacht hegen konnte. Er war feige, unendlich feige, aber das war nun vorbei. Es lag hinter ihr. Es war unwichtig, was er nun tat oder nicht tat. Es interessierte sie im Grunde nicht mehr. Sie hatte das Ungeheuer gefangen. Sie kannte es. Es lag in ihrer Hand. Es hatte seine Macht verloren. *Er* hatte seine Macht verloren. Sie würde ihn im Ungewissen lassen, ihn zurück lassen. Sie würde seine Seele in ihrer Seele nicht mehr wie ein Kind rufen hören. Sie hatte aufgehört, unter dem Schmerz, ihn zu verlieren, zu leiden. Es war vorbei.

Fanny ließ die Rollos noch unten. Durch die Schlitze drang das schneeweiße Licht eines neuen Tages. Es verlangte sie nicht danach, aufzustehen. Einladend lag der Roman, den sie bis tief in die Nacht gelesen hatte, neben ihrem Bett. Sie angelte nach ihrer Brille, die sie kurz vor dem Einschlafen noch beiseite gelegt hatte und war bereits wieder in dem Buch verschwunden. Erst der heftige Druck ihrer Blase brachte sie dazu, endlich ihr Bett zu verlassen.

Im Bad sah es chaotisch aus. Alle Kleidungsstücke der Woche hatten sich in ihm versammelt und lagen unordentlich über und in der Wanne. Angewidert betrachtete Fanny dies merkwürdige Stillleben. Dennoch nahm sie sich vor, Auszeit zu nehmen. Auszeit von dem Druck der Woche, der ihr Leben als Maklerin seit Jahren beherrschte und ihr immer weniger Zeit ließ, das zu leben, was sie ihr Leben nannte.

Während sie sich in der Küche noch mit dem Kaffee zu schaffen machte, klingelte irgendwo ihr Handy. Kreuz und quer rannte sie durch das Haus. Wo zum Teufel steckte das Ding? Im Treppenhaus vernahm sie es deutlich, aber immer wieder fühlte sie sich genarrt, wo sie auch suchte, bis es schließlich verstummte. Ein aufkommender Unmut wollte sich ausbreiten. Fanny ließ es nicht zu. Nicht heute. Sie ging in ihr angrenzendes Büro, in dem sich ebenso unordentlich alles auftürmte, wählte ihr Handy an. Nun machte sie sich in aller Ruhe auf die Suche. Die Antwort schien aus jedem Raum kommen zu können. Schließlich hatte sie es aufgespürt. Gestern, nach ihrem Besuch in der Bank hatte sie es in ihrem Pelz in der Diele stecken lassen, wo es nun munter vor sich hin lärmte. Sie nahm es mit Humor. Der vorige Anrufer hatte seine Rufnummer nicht hinterlassen. Wer auch immer er war, sollte er sich doch wieder melden. Mit ihrer Kaffeetasse kroch sie erneut in das kuschelige Bett, wo sie im Nu wieder in der Traumwelt ihres Buches verschwand. Auch als Kind hatte sie ihre Welt vergessen, sobald sie ein Buch in der Hand hielt. Trotzdem plagte sie angesichts der Unordnung ihr Gewissen. Offen gestanden, fühlte sie sich nicht wohl, alles so zu vernachlässigen. Immerhin liebte sie ihr schönes Heim und erinnerte sich an Zeiten, da alles sehr viel besser lief, aber das war vor dem Abgrund, in den sie gestürzt und dessen Steilwände sie nur mühsam, jedoch sehr gezielt und bewusst wieder erklommen hatte. Noch immer schien das Chaos sie einholen zu wollen. Was jedoch auch immer geschehen war, sie war stolz. Das Ergebnis konnte sich sehen lassen. Diese Gammelzeit hatte sie sich verdient und beschlossen, sie zu genießen.

Von Zeit zu Zeit hielt sie im Lesen inne, schmunzelte und stellte fest, dass das Leben sie nun endlich wieder hatte, wie sich ihre Gedanken und Sehnsüchte wieder dem zuwandten, was es liebens- und lebenswert machte. Insgeheim genoss sie die Vorstellung, Fred glaube noch immer, dass sie sich nicht von ihm lösen könne. Sie hatte beschlossen, eine weite Strecke zurückzulegen, bevor er allmählich gewahr werden konnte, wie groß ihr Abstand zu ihm bereits war.

Es gab eine Zeit, da hatte er ihr tatsächlich alles bedeutet, jedoch hatte sie sich niemals so weit verloren, wie er glaubte. Er war ein Kollege, ein smarter Typ, durchaus witzig und charmant, wenn ihm danach zumute war. Sein wesentlichster Charakterzug war jedoch eine ungeheure Geldgeilheit, die alles andere in den Schatten stellte. Zunächst hatte er dies geschickt zu verbergen gewusst. Sein Büro lag weit im Süden des Landes. So hatten sie nur wenig Kontakt. Es schauderte sie heute manchmal, wenn sie daran dachte, sich mit ihm beinahe tatsächlich auf immer verbunden zu haben. Ja, sie hätte ihn damals sofort geheiratet, mit offenem und ehrlichem Herzen, wenn er sie gefragt hätte. Hatte er jedoch nicht. Er war ein Meister der leisen Töne, der Untertöne, des sich Heranpirschens, Verbergens, der Suggestion, des urplötzlichen Verschwindens, erneut Heranpirschens und wiederum Verschwindens, verletzlich, jedoch unerbittlich gegen seine Feinde. Nein, auch seine Feindin konnte und wollte sie nicht sein, obwohl er es verdient hätte und sie durchaus in der Lage gewesen wäre, ihn zu vernichten, wenn sie es gewollt hätte. Lange, lange hatte sie für ihn, für ihre Liebe, für die gemeinsame Zukunft gekämpft. Es ergab keinen Sinn. Was ihn auch immer hinderte, es war zu viel, zu groß, zu hart. Sie spürte, dass es, dass er sich irgendwann gegen sie richtete in seiner maßlosen Selbstsucht, seinem Schattenspiel. Seine Welt war nicht die ihre. Sie hatte irgendwann Bilanz gezogen, als alle Versuche nichts fruchteten. Sie war eindeutig negativ. Jedoch gab es etwas, das übrig geblieben war nach und trotz allem, was geschehen war, etwas wunderbar Einmaliges, das in ihr selbst lag, tief liegende Liebe und Zuneigung, die wie Gold in einer Schweinemistkuhle immer geblieben waren, was sie waren. Daran konnte auch sie nichts ändern, selbst wenn sie sich diese einstmals wunderbare Bindung nicht mehr erhoffte und nicht mehr erträumen wollte.

Fanny selbst hatte sich darüber hinaus neue Erkenntniswelten erschlossen. Es war harte Arbeit gewesen, aber es hatte sich gelohnt. Jedes Mal hatte sie eine diebische Freude daran, wenn es ihr gelungen war, ein weiteres, gutes Stück voran zu kommen und ihn ahnungslos zu lassen. Das war ihre Art, nunmehr seine Arroganz zu spiegeln und zu täuschen. Es existierte, das gab sie zu, eine

Verbindung, die ihr zu lösen nicht ganz gelang. Sie ahnte, dass auch er sie noch immer liebte, auf seine Art. Doch sie hatte beschlossen, dass es irgendwann einen neuen Mann geben sollte, einen liebevolleren Menschen. Ihr Leben hielt ihn bereit, irgendwo auf dieser Welt. Wenn die Zeit reif wäre, würde sie ihm begegnen. Die Lehrzeit lag hinter ihr. Sie war eine Frau geworden.

Fanny stand auf. Sie ging in ihre geräumige Küche, in der eine Unzahl Gläser und Gewürze standen, unkonventionell und doch bürgerlich. Heute kochte sie nicht. Sie zog die Rollos hoch und blickte auf eine zauberhafte weiße Traumwelt. Es hatte geschneit, wie schon lange nicht mehr. Eine dicke Watteschicht lag über allem. Fanny liebte diesen Anblick, wenn die Welt so zugedeckt, rein und unberührt aussah. Es war, als könnte man hinauslaufen, alles vergessen und einfach nur sein. Für eine Weile stand sie am Fenster und schaute hinab auf ihre Straße, die ihr so vertraut war. Inzwischen regten sich Schneeschaufeln und befreiten die Bürgersteige. Fanny beschloss, zu tun, als sei sie nicht da, obwohl ihr kleiner Sportwagen vor dem Haus stand. Wenn sie Glück hatte, schmolz der Schnee auf ihrem Gehweg schnell genug. Sie beschoss, das Schneefegen einfach zu vergessen. Nun wandte sie sich ihrer Mahlzeit zu. Es gab knusprige Körnerbrötchen, die sie liebte und in frische Milch tunkte. Sie schmeckten köstlich, auch später am Tag noch einmal. Irgendwann erwärmte sie den Rest des Essens vom Vortag, der immer noch vorzüglich war. Zwischenzeitlich lärmte das Handy erneut. Es war ein Interessent, der ihr Inserat im Internet gesehen hatte und mit ihr Konditionen für eine Vermietung aushandeln wollte. Fanny nahm es gelassen. Man würde sehen. Das Geschäft lief mäßig, jedoch machte es ihr nichts aus. Sie hatte ihre Dinge für die nächsten Monate geordnet. Dann würde man sehen. Da die Politik in den letzten sechs Jahren eine Kapriole nach der anderen schlug, die Politiker überboten sich in Unfähigkeit, hatte sie es aufgegeben, sich über die Konsequenzen zu erregen, denn kaum etwas war noch wirklich kalkulierbar. Irgendwie würde und müsste es schon weitergehen. Sie würde es schaffen, mit der Ausdauer und Energie, mit der sie alles in ihrem Leben geschafft und gestaltet hatte.

Sie hatte recht behalten. Die Sonne war herausgekommen. Es hatte sich etwas erwärmt. Am Nachmittag waren die Straßen und Gehwege frei. Ein Spaziergang wäre schön gewesen, aber ihr war es draußen zu kalt, zu nass und zu windig dabei. Auch waren inzwischen fast alle fortgezogen, die spontan zu einem Spaziergang zu verleiten gewesen wären. Allein zog es Fanny nicht hinaus. Im Büro wartete die Arbeit, trotz Wochenende. Sie hatte den gestern begonnenen dicken Wälzer von einigen hundert Seiten bereits ausgelesen, ein Bestseller vor Jahren, für den sie nun endlich die Muße gefunden hatte. Ein wenig Ordnung zu schaffen, würde nicht schaden. Sie machte sich ans Werk und wusste, dass sie diesen Tag zufrieden beschließen würde.

Weihnachten war vorüber, Sylvester stand vor der Tür. Nichts hatte sich geändert in diesem Jahr. Gelegentlich hatte Fanny überlegt, ihn anzurufen. Einmal hatte sie es getan. Der Anrufbeantworter hatte sich eingeschaltet. Seine Stimme klang hart, fremd, sehr unangenehm. War das Einbildung? Nein, er hatte sich wirklich verändert in den Jahren. Früher, früher da ließ sie der Klang seiner wunderbaren Stimme nachts nicht mehr schlafen. Ihr ganzer Körper war in Aufruhr. Diese Stimme schickte sie in Traumwelten, in die Welt ihrer Sehnsüchte, denen sie nur schwer entfliehen konnte und er vermochte es sehr geschickt, den richtigen Zeitpunkt abzupassen. Immer wenn sie gerade dabei war, sich zu lösen, hatte er sich wieder gemeldet und ihr gesagt, er ordne jetzt sein Leben, noch in diesem Jahr werde er eine Entscheidung treffen, nein, sie habe sich das nicht alles eingebildet. Ach, Fanny hatte immer wieder gehofft und sich gesagt, nun habe sie schon so lange gewartet und für ihn lohne es sich doch wirklich, ... Schall und Rauch. Jahr um Jahr war vergangen. Nichts, wirklich gar nichts hatte sich geändert. Fanny realisierte das sehr gut.

In der Küche lief der Kaffee durch die Maschine. Sein Aroma durchströmte den Raum und drang an

Fannys Nase. Sie schlenderte gemütlich dorthin, goss sich eine Tasse Kaffee ein. Ein herrlich freies Leben hatte sie, zu jeder Zeit. Nun gut, mit Arbeit hatte sie sich zugeschüttet, um den Schmerz nicht immer fühlen zu müssen, nicht so viel an ihn zu denken und ihrer Energie eine positive Richtung zu geben, an der Verwirklichung ihrer anderen Träume, die sie früher nie zu denken gewagt hätte, zu arbeiten. Es war ihr gelungen. Sie war erfolgreich. Es war ein Höllenritt gewesen mit höchstem Risiko, aber sie hatte es geschafft.

Sollte sie ihn doch noch einmal anrufen? War sie so weit? Nur als Freundin? Konnte sie das sein? Machte es ihr wirklich nichts mehr aus? In früheren Zeiten hatte ihre Seele ununterbrochen mit ihm geredet. Ja, nur so konnte sie es beschreiben: Sie war ihm sehr verbunden. Ihre Seele hatte ihn geheiratet. Sie war über all die Jahre seine Frau. Das entsprach nicht der äußeren Realität. Fanny wusste das sehr genau, aber sie empfand so. Er war der Mann ihrer Träume. Nur zu gerne hätte sie ihm geglaubt. Sie hatte ihm jede Chance gegeben. Er hatte gespielt. Nun hatte sie wirklich alles getan, diese Bande zu zerreißen. Es war so schrecklich schmerzhaft gewesen, immer wieder. Oft war sie an den Rand des inneren Todes geraten. Keine Depression, nein, es war etwas anderes, eine innere Zerreißprobe auf Leben und Tod, unbeschreiblich. Sie hatte mit dem Tode gerungen. Es hatte sie fast umgebracht. Es war vorbei. Geht das, nur Freundin sein?

Fanny entschloss sich, zum Telefonhörer zu greifen. Sie wählte seine Nummer. Der Anrufbeantworter meldete sich. Seine Stimme klang scheußlich. Fanny war froh, zu spüren, dass es ihr nichts mehr ausmachte. Das Leben ging weiter. Sie rief seine Handy - Nummer an. Eine Frau meldete sich. Fanny nannte ihren Namen, fragte, wer am Apparat sei. "Sie haben sich verwählt." Fanny holte Luft. "Oh, entschuldigen Sie bitte." Sie legte auf. Ja, die Frau hatte Recht, nur wusste sie nicht, wie recht sie hatte. Fanny hatte sich verwählt und zwar von Anfang an.

Jahre später.
Fanny hatte ihren Humor wieder gefunden. Im Winter ahnte sie schon den Frühling, als sie roch, dass die Erde aufbrach. Es sollte ein gutes Jahr werden.
Freunde hatten ihr berichtet, dass sie in den Jahren um Sorge um sie gewesen seien. Das hatte sie erfreut und erschreckt zugleich und umso nachdenklicher gemacht. Es tat ihr gut, dass andere liebevollen Anteil an ihrem Leben nahmen und auch erschreckt, wie übel es in deren Augen ausgesehen hatte. In gewisser Weise war sie daran gewöhnt.
Fanny besaß eine überaus gute Kondition. Dies und ihre Vielseitigkeit erlaubten es ihr, manche Grenzen zu überschreiten, die für viele in den Abgrund ge-

führt hätten. Gerne ging sie einmal ein Risiko ein, wog jedoch immer ab, wie weit sie wirklich gehen konnte. Sie nannte es gut kalkuliertes Risiko. Zugegebenermaßen fand sie es mitunter spaßig, wenn ihre Freunde meinten, dass es nicht zu schaffen sei. Dann ließ sie die Muskeln ihrer grauen Zellen spielen und konnte sehr wohl begründen, warum sie es dennoch könne. Mit ihrem Mut und Einsatz brachte sie bisher jede Unternehmung zum Erfolg.

Fred war eines der merkwürdigsten Ereignisse in ihrem Leben gewesen. Er hatte wie ein Komet ihre Bahn gestreift und für ihre Existenz für bedrohliche Turbulenzen gesorgt. Es hatte etwas Mystisches, bisher nie Erlebtes. Gespürt hatte sie es von Anfang an. Es hatte kein Entrinnen gegeben, wie vorgezeichnet, ein Kometeneinschlag, schicksalhaft. Es hatte ihr die Seele aus dem Leibe gerissen, so dass sie sich kaum wieder fand, sie in schreckliche, nie erlebte Einsamkeit gestürzt. Sie musste ihre Seele zurückerobern. Fanny war klar gewesen, dass sie daran entweder wachsen oder daran zugrunde gehen würde. Sie hatte beschlossen, daran zu wachsen. Sie hatte an das Gute in ihm geglaubt und glauben wollen und daran, dass es sich für beide lohnen würde, an einer gemeinsamen Zukunft zu bauen.

Mitunter war Fred wie ein Säugling in der Hülle eines mächtigen Mannes gewesen, die er kaum ausfüllen konnte. Fanny war diesen, ihren Weg gegangen, diesen steilen, schweren, harten Weg, den sie nicht wirklich gehen wollte und vordem wohl nicht gegangen wäre. Im Vertrauen auf sich, und oft genug: „Mit Gottes Hilfe. Lieber Gott, lass mich heute Nacht in Deinen Händen ruhen, lass mich bei Dir geborgen sein und gib mir Kraft, " hatte sie es überstanden. Ja, Fanny war gläubig, für sich selbst, nicht missionierend, nicht für eine Kirche, sondern aus einem tiefen, inneren Empfinden war Gott für sie trotz allem gut. Wie viel hatte sie in dieser Zeit gelernt - . Wenn es besonders hart gewesen war, hatte sie sich gefragt, was das sei, was er mit sich bringe, dass er sie so stark an sich binden könne. Fanny war klug genug. Sie litt, aber sie versank nicht in Leid. Sie schaute hin und prüfte. Sie erarbeitete sich eine neue Welt zu ihrer alten. So konnte sie daran wachsen, auch wenn er gewollt nicht einen Finger dafür rührte. Von diesen Dingen ahnte Fred nichts. Seine Gedanken gingen nicht so weit. Manchmal erfuhr er von Freunden, was geschehen war. Als er sie fragte, wie und warum sie dieses oder jenes getan habe, meinte er: „Erstaunlich, Du als Frau, ...". Fanny amüsierte sich.

Es war in Ordnung so. Irgendwann kam die Zeit, in der es in dieser neuen Welt einen Gleichstand gab. Fanny hatte sich neu erschaffen, Stück für Stück. Durch das Feuer, durch die Asche, war ihr Phönix neu erstanden. Der Aufstieg war hart und mühsam. Ob es sich gelohnt hatte, würde sich zeigen. Sie war wissender, reifer geworden. Sie konnte ihn sich selbst überlassen. Er hatte den Weg zu ihr nicht gefunden, nicht finden wollen. Nun musste er seinen Weg allein gehen.

„Lieber Gott, ich danke Dir, dass Du diesen Kelch an mir hast vorübergehen lassen", dachte Fanny, als sie in den Spiegel sah. Sie war nun froh und dankbar, nicht mit ihm zu leben, obwohl sie ihm so lange so gerne so nahe gewesen wäre. Im Grund hatte er sie nie begriffen. Es war ihr gleichgültig geworden. War *er* ihr gleichgültig geworden?

Unwillkürlich musste sie lachen. Die abgrundtiefe Schlucht lag hinter ihr. Sie hatte es wirklich überwunden.

Als Fanny auf die Zeitanzeige sah, bemerkte sie, dass sie um eine ganze Stunde zu früh aufgestanden war. Sie war so munter, wie in ihren besten Zeiten und schon wieder voller Pläne.

November. Grau verhangener Himmel über Bonn. Der Regen tropfte auf das Autodach. Es war ungemütlich draußen. Ein Besichtigungstermin am Sonntagmorgen und der Interessent steckte im Stau, würde sich eine Stunde verspäten. Was fängt man mit so einer verlorenen Zeit an? In die City zu fahren, würde kaum lohnen. Fanny drehte das Radio leise, stellte die Sitzheizung an. Autos fuhren vorbei. Sie wäre auch gerne gefahren, aber die Pflicht rief.

Kein Buch zum Lesen, - schade. Es wäre wieder einmal eine gute Gelegenheit gewesen.

Buntes Herbstlaub. Der Wind trieb die Blätter über den Weg. Fanny schaute in den Rückspiegel. Ein

Mann kam in kurzärmeligem T-Shirt aus dem Haus. Es war der Querulant, der sich über Zugluft in seiner Wohnung beschwerte. Man konnte sich nur wundern. Er ging ein paar Meter zum Blumenstand, kehrte nach einer Weile mit einem Asternstrauß zurück. Seine Frau war nie zufrieden, eine unangenehme, kühle Person. Ob er sie besänftigen musste?

Obwohl sie die Heizung angestellt hatte, wurden Fannys Füße nun kalt. 'Lieber nicht daran denken, lieber an die Verabredung danach.' Zur Belohnung für den Sonntagstermin hatte sie ein Treffen mit ihrer Freundin arrangiert. Marie-Anne war eine Künstlerseele, chaotisch, manchmal launisch, aber sehr interessant. Beide hatten sich vom ersten Moment an ins Herz geschlossen.

Bonn hat sich nicht sehr verändert, seit der Regierungssitz nach Berlin verlagert wurde. Es war hier schon vorher eher ruhig und bedächtig, zu ruhig und bedächtig, um wirklich interessant zu sein. Ein paar Museen, ein paar Lokale, ...

Die Sonne brach durch die Wolken. Sofort sah alles freundlicher aus. Eine halbe Stunde hatte Fanny nun schon so verbracht. Ein Glück nur, dass sie ihre Pelzjacke übergezogen hatte. Das chice, gute Stück hielt sie nun warm.

Junge Paare schoben Kinderwagen, ruhig und gemächlich. Zwei alte Herren spazierten gemeinsam, vielleicht zum Frühschoppen? Ein Paar in den Dreißigern kam langsam die Straße herauf, besichtigte intensiv einen kühlen Neubau mit weißer Putz-Aluminium-Fassade und Pult-Dach, einem Fremd-körper in dieser gediegenen Villengegend, aber offensichtlich gefragt. Langsam entschwanden sie ihrem Blickfeld. Regen prasselte hernieder. Eine Windböe entriss einen Regenschirm. Das Paar in den Dreißigern kam nun wieder den Weg herauf, Hand in Hand, mit zügigem Schritt. Er hatte ihr keine Blumen gekauft.

Vierzig Minuten waren vergangen. Fanny hatte Eisfüße. Etwas Warmes wäre nicht schlecht gewesen und eine Toilette, aber sie musste warten, durfte die Interessenten nicht verpassen. Sie wollten sich vor dem Hause treffen. Fanny war neugierig gespannt. Die Frau klang am Telefon frisch und sympathisch. Es klang nach einem guten Abschluss. Endlich fuhr ein Auto heran, parkte gleich nebenan. Die jungen Leute im Auto schauten interessiert herüber. Fanny stieg aus, das junge Paar ebenfalls, wirklich sehr sympathisch. Eine Stunde später war der Vertrag gemacht, der Rest des Tages gerettet. Fanny war zufrieden.

WANDEL

Drückend lag nach heftigem Regen der schwüle Dunst über dem Land, das nach der anhaltenden Sommerhitze schwer atmend nach Feuchtigkeit dürstete. Der Himmel vermochte seine sengenden Sonnenstrahlen nicht mehr auf die Erde zu senden. Kühle begann sich allmählich auszubreiten, ungewohnt, doch erholsam, dem ewigen Kreislauf der Natur folgend. Der Duft des Jasmins lag schwer in der Luft. In dunkelgrünen Bäumen schliefen ihre Träume an jenem Samstagmorgen, zukunfts- und glückverheißend, mit den ersten Tageslicht erwachend. Eine neue Zeit brach an.

Die Jahre waren dahin gegangen. Zu oft hatte sie sich zurückgestellt, um anderen gut zu sein. Nun aber hieß es, der Zukunft ein neues Gesicht zu geben. Sie hatte Bilanz gezogen, eine neue innere Stärke gewonnen, die jetzt nach Taten drängte.

Im Garten blühten die Blumen, Sinnbild der Schönheit, der Kraft des Lebens, die sie tief in sich einsog. Die Amsel auf dem Hausdach sang ihr Lied aus voller Kehle. Vom Supermarkt gegenüber drangen gedämpft einige Gesprächsfetzen. Der Bus fuhr am Haus vorbei, fast leer um diese Zeit. Der Weg in die Stadt war nicht weit. An der stillgelegten Fabrik, Symbol einer einstmals florierenden Textilindustrie, die ihre Straße abschirmte vorbei, ging sie mit Bedacht, immer wieder Bekannten begegnend, die sie freundlich grüßten. Fast war alles, wie vordem, nur sie selbst erblickte die Welt mit anderen Augen.

Der freundliche Herr am Blumenstand blickte ihr noch lange nach, als sie mit beschwingtem Gang die Straße hinunter ging. Er kannte sie seit Jahren, so gut man eine Frau kennen konnte, die sich züchtig zurück hielt, freundlich, und doch auf gewisse Art distanziert, den näheren Kontakt meidend.

Das Eis im Eiscafé an der Ecke wirkte so einladend, dass sie sich spontan entschloss, einzukehren, sich gemütlich niederzulassen. Die Karte versonnen studierend, entschloss sie sich für eine große Portion mit Früchten, Sahne und einer Überraschung des Hauses, denn schöne Überraschungen liebte sie über alles. Nachdem sie ihre Bestellung aufgegeben hatte, sah sie einen Herrn, der sich ihr respektvoll näherte. Höflich fragte er, ob es gestattet sei, dass er an ihrem Tisch Platz nehme. Überrascht und verwirrt stimmte sie zu. Nach einer Weile waren beide tief in ein interessantes Gespräch versunken, mitunter hellauf lachend, als wären sie einander niemals fremd gewesen.

Mit dem Sonnenuntergang endete ein wunderschöner Tag, dem ebensolche Jahre folgten.

SOMMER

Das Wasser im Pool war angenehm kühl. Flirrende Sommerhitze überzog das Land, das in voller Blüte stehend, in Müdigkeit versank. Angenehme Trägheit. Sogar die Vögel hatten aufgehört zu singen. Nur die Ameisen bauten unermüdlich weiter, Wespen flogen und sogen Nektar. Eine getigerte Katze lag dösend, wie tot, mit flachem Atem auf den Steinen in der Sonne. Hoch oben am Himmel zog ein Flugzeug seine Bahn, fort zu fremden Ländern, launige Urlauber transportierend, die sich nach Stunden erschöpft in einer Warteschlange an einem Flughafen wiederfinden würden, umgeben von Stimmengewirr und fremden Lauten, jedoch freudiger Erwartung der Dinge, die ihnen begegnen würden.

Ein leichter Windhauch nur streifte das Gelände, das Wasser, in dem Harry es sich inzwischen bequem eingerichtet hatte, nachdem er einige Runden geschwommen war. Lässig lehnte er am Rand des Beckens, betrachtete seinen gebräunten, gut trainierten Körper, mit sich und seiner Welt zufrieden, hatte er doch wieder einmal einen guten Deal gemacht, mit dem alle Beteiligten zufrieden sein konnten. Er hatte seine eigene Philosophie entwickelt. Während um ihn herum die Welt zusammenzubrechen schien, gelang es ihm Gegensätze zu vereinen, Menschen, Partner zusammenzubringen, die einen Win-Win-Handel schlossen. Diese Gabe hatte

er sich angeeignet, ganz im Geheimen, als er ein-
gebunden war in die Hektik eines Geschäftsalltags,
in dem er sich niemals recht heimisch gefühlt hatte.
Ein aufmerksamer Beobachter und Zuhörer war er,
mit guter Kombinationsgabe. So hatte er dann auch
diesen eigenen Weg entdeckt, der ihn schließlich
hierher geführt hatte.

Susan verbrachte einige Monate als Au Pair in *der*
Stadt, die ihr schon als Kind so aufregend erschie-
nen war, dass sie kaum erwarten konnte, irgend-
wann dort anzukommen. So hatte sie sehr schnell
zugegriffen, als eine Freundin ihr von ihrer Tante
erzählte, die für ihre Kinder dort ein Au Pair suchte.
Heute war ihr freier Tag, an dem sie einfach losge-
hen, mit ihrer Kamera einfangen wollte, was sich
ihren Augen bot. Straßenzug folgte auf Straßen-
zug, Menschen, die dahin schlenderten, ein Eis in
der Hand oder eine Pizza aßen, in Grüppchen zu-
sammen standen und plauderten. Ferienstimmung
an einem sonnigen Tag. Aus dem nahen Park
drang Musik an ihr Ohr, vertraute Melodien aus ih-
rer Kindheit, Erinnerungen an den lieben, längst
verstorbenen Großvater, der nun, da war sie ganz
sicher, aus dem Himmel auf sie herabschaute und
darauf achtete, dass ihr kein Leid geschah, hin und
wieder für einen kleinen Scherz sorgend, ganz so,
wie er es in ihrem gemeinsamen Leben auch getan
hatte. Verträumt wanderte sie weiter, kaum bemer-
kend, wie sie die City verließ, entlang an Hecken
und Büschen, riesigen Rasenflächen und großen

Bäumen, die kühlenden Schatten warfen. Hier und da, hatte sie wie in Trance einige Szenen mit ihrem Apparat eingefangen, mit gutem Blick für das Außergewöhnliche, das sich nicht jedem erschloss. Eine kleine Pause einlegend, ließ sie sich an einem Hang auf einer Parkbank nieder, ihren Proviant begutachtend, den ihr ihre Ersatzmutter liebevoll eingepackt hatte. Ein schwarzbraunes Eichhorn hatte blitzschnell die Gelegenheit ergriffen, eine Nuss, die heraus gerollt war, zu erwischen und stand nun mit hellwachen Augen, die Nuss in beiden Händen, vor ihr. Dieser kleine Räuber schaute so drollig aus, dass Susan herzlich lachen musste, worauf er mit einigen Sätzen verschwunden war, noch bevor sie ihre Kamera zücken konnte. Hier hieß es wohl achtsam sein, wenn sie nicht ihre Mahlzeit mit den anderen Mitbewohnern des Parks teilen wollte.

Ein wenig müde geworden von dem langen Weg und einem guten Essen, schloss sie für ein Weilchen die Augen, ganz sich selbst, der Ruhe und Stille hingegeben. Ruhe und Stille, die sie auf einen Pfad führte, tief in ihrem Innern, der immer wieder auftauchte und Bestimmung zu sein schien, den sie jedoch nicht zu deuten wusste, aufregend und erlösend zugleich. Ein Flattern um ihr Haar, ein leichtes Sausen, ein kleiner Vogel, der sich ganz nahe niederließ, als Susan die Augen wieder öffnete. Sie ordnete ihr bunt geblümtes Sommerkleid, die langen, glänzenden Haare, ihre Utensilien, ihre Gedanken.

Das Eichhorn hüpfte auf dem Weg. Susan folgte ihm, bis es in die Baumkronen entschwand, gelegentlich vor sich hin geckernd. Ein Reh das um die Ecke lugte, schaute ihr ernst und tief in die Augen, als wollte es sie begutachten, lief sodann mit großen Sprüngen über die Wiese davon. Susan sammelte Steine, wie sie es schon als Kind gerne getan, als ihren Schatz nachhause getragen hatte. Einige schimmerten grünlich, andere waren rosa geädert, der eine oder andere hatte den Abdruck einer Pflanze, einer die Form eines Herzens in dunklem, sattem Rot. Diesen liebte Susan ganz besonders; ihn trug sie immer bei sich, Erinnerung an einen Urlaub am Strand in glücklicher Kindheit.

Der Weg machte einige Biegungen, fiel dann sachte ab, lief auf einen Bach zu, der munter plaudernd vor sich hin floss. Lilien an seinem Ufer, große, mannshohe Stauden mit breit ausladenden Blättern, plötzlich aufflatternde Enten, die sich laut schnatternd einige Steinwürfe entfernt wieder niederließen. Susan sog all das gierig in sich auf. Einige gute Bilder hatte sie bereits einfangen können. Die Freude über das Erlebte ließ sie beschwingter werden. Vor ihr lag nun eine weitläufige Ansiedlung großer Villen, architektonischer Kunstwerke, skuriler Bauten, großbürgerlicher, schlossartiger Gemäuer, abgeschieden von der übrigen Welt. Gelegentlich verweigerten hohe Mauern und Hecken den Ausblick, worauf Susan sich herausgefordert fühlte, hier und da blind hinüber zu fotografieren und so vielleicht doch noch etwas Interessantes zu erspähen.

Der Tag war inzwischen weiter fortgeschritten. Harry beschloss, sich noch einem guten Buch zu widmen, der Pool-Landschaft einstweilen ade zu sagen. Lässig schlenderte er hinüber zum Gartenhaus, umgeben von einer Hecke, die ihn vor allzu neugierigen Blicken schützen sollte. Gerade, als er seine Badekleidung abstreifen wollte, vernahm er ein leises ‚Klick‘. Er blickte nach oben und schnappte blitzschnell nach der schmalen Hand, die einen Fotoapparat hielt. Ein erstauntes „Oh" auf der anderen Seite. Harry ließ nicht locker und führte die Hand bis ans Ende der Hecke, wo ein kleines, kunstvoll geschmiedetes Tor zu einem Nebeneingang führte.

„Was haben wir denn da? Ein Blondschöpfchen, das fremden Männern auflauert!" Susan wurde dunkelrot vor Verlegenheit. Damit hatte sie in ihrer Seligkeit nicht gerechnet, die Folgen ihrer unschuldigen Knipserei nicht bedacht. Nun stand dieser gut gebaute, halb nackte und unverschämt gut aussehende junge Mann vor ihr, der sie mit seinen grünblauen Augen streng anblickte. Inwendig konnte Harry sich das Lachen kaum verkneifen, aber eine kleine Strafe würde diese junge Dame für ihr Verhalten schon bekommen müssen. „Ja, mal sehen, was wir da machen. Einbruch in die Intimsphäre, fremde Männer beim Umkleiden fotografieren, … . Da werde ich doch die Polizei anrufen." Susan wurde ganz elend. Sie hatte sich ja tatsächlich kräftig daneben benommen, aber jetzt eine Anzeige bekommen, ... Der ganze, schöne Tag war mit einem Mal dahin. Sichtlich mitgenommen, mit hängenden Schultern und Tränen in den Augen stand sie vor ihm.

„Naja, vielleicht können wir die Strafe gleich hier verhängen, ... Heute bekomme ich sehr netten Besuch. Bitte gehen Sie in die Küche und richten sie ein exklusives, leichtes Gericht für zwei Personen. Eindecken können Sie auf der Terrasse. Das dürfte dann reichen." Sichtlich erleichtert atmete Susan durch. Ein nettes Essen zur richten war für sie kein Problem und so käme sie ja noch mit einem blauen Auge davon. Die ganze Geschichte war ihr ziemlich peinlich. Eigentlich war er doch ein ganz smarter Typ, interessant, schade, ... So schnell wie möglich wollte sie es hinter sich bringen und dann ganz schnell verschwinden.

Harry betrachtete seine Beute genauer. Was er sah, gefiel ihm. Dieses Mädchen hatte so viel natürlichen Charme, war offensichtlich getroffen von dem Ereignis und doch sehr bereitwillig, diesen Fehler wieder gut zu machen. Wer weiß, ob er sie sonst je kennen gelernt hätte? In Gedanken begann sie, ihn zu interessieren, während er sie ins Haus führte, in die Küche einwies und mit einem lockeren „dann in einer halben Stunde auf der Terrasse?" stehen ließ.

Susan schaute sich in der chicen, modernen Küche um. Schnell begann sie, sich das Notwendigste zusammenzustellen und war bald so eifrig bei der Sache, dass sie nicht bemerkte, dass Harry zur Tür hereinschaute und ihr bei der Arbeit zusah. Heimlich stahl er sich wieder davon. Die Zeit verflog. Bald war der Tisch eingedeckt, das Essen gerichtet. Harry war mit dem, was er sah, in jeder Hinsicht äußerst zufrieden, was er dann auch anerkennend, lobend äußerte.

„Ich gehe dann jetzt lieber ganz schnell", meinte Susan, „Ihr Besuch wird ja auch gleich hier sein."

„Keineswegs", antwortete Harry, „mein Besuch ist bereits hier. Nehmen Sie bitte Platz. Ich würde mich freuen, diesen Abend mit Ihnen verbringen zu dürfen."

LAUF!

Ein Schuss hatte sich mit lautem Knall gelöst, rollte mit seinen Wiederhall durch das weitläufige Tal. Waren vordem alle Sehnen des Mannes angespannt, so rannte er nun los, wie ein wildes Tier, das sich nichts, als die Freiheit ersehnte. Er rannte wie der Wind um sein Leben, die Meute dicht hinter sich. Das Herz pumpte, das Blut schoss durch die Adern, die Augen nur geradeaus gerichtet, die Beine nichts als Automaten, die vollführten, was ein Signal im Hirn ihnen aufgetragen hatte.

Kein Blick zurück, kein Gedanke, als davon zu kommen, sich nicht einholen zu lassen, nichts zulassen, als die Strecke vor ihm, welche ihm die Erlösung brächte. Er wusste, dass dieser Tag kommen würde, an dem er sich beweisen musste, wenn er überleben, wenn er leben wollte. Sein ganzes Leben war darauf ausgerichtet gewesen.

Kein Blick für die Landschaft, die Füße kaum noch den Boden berührend, flog er dahin, während der Schweiß troff, seine Kleidung nässte. Wie fiebrig wurde seine Haut, sein schweißnasses Haar begann zu kleben, Bildfetzen seiner Verfolger im Hintergrund, die gierig bedacht waren, ihn einzuholen.

Sein Leben flog vorbei, das Gesicht seiner Mutter, wie sie gesorgt hatte, verzichtet für ihn, um ihn am Leben zu erhalten. Der Vater, der schwer arbeitende, wortkarge Mann, der zu früh gegangen war. Ihnen schuldete er etwas. Ihnen schuldete er, davon zu kommen. Das Mädchen, von dem er träumte, den Bruchteil einer Sekunde nur, ihm würde er seinen Triumpf zu Füßen legen.

Der Bruchteil einer Sekunde zu viel, der seine Aufmerksamkeit ablenkte. Sein Fuß verfing sich an einem Stein. Er strauchelte, doch mit ungeheurer Willenskraft riss er sich hoch, glich den Verlust aus, peitschte sich voran. Er musste ihnen entkommen. Er durfte sich nicht einholen, sich nicht besiegen lassen. Er hatte nur diese eine, einzige Chance.

Hinter sich hörte er den Atem seiner Verfolger. Der Lauf ihrer Füße dröhnte drohend in seinen Ohren. Gleich würden sie ihn erreichen, dann war alles verloren. Sein Hirn feuerte Salven. Sein Körper wurde federleicht. Er spürte ihn nicht mehr. Er schien sich aufgelöst zu haben, zu fliegen. In diesem Moment spürte er einen leichten Schlag gegen seine Brust. Er hatte die Ziellinie überschritten. Er hatte es geschafft. *Er* war Sieger. Er, er, er! Er hatte sie alle abgehängt. Ruhm und Ehre für die Mutter, für den Vater, für die Frau, die er liebte und die er nun gewinnen konnte.

Nach wenigen Schritten sank er zu Boden, berührte ihn mit Händen, küsste ihn, weinte. Die Welt um ihn versank. Von weit her hörte er Stimmen, Stimmen, die seinen Namen riefen. Jubel, Beifall brandete auf. Menschen kamen, die ihn aufnahmen, versorgten. Wie aus einer anderen Welt kam er zurück, mit dem noch ungläubigen, aber strahlenden Lächeln des Siegers, das nun in tausenden Bildern in aller Welt erschien.

DER WEIHNACHTSMANN KOMMT LEISE

Ein Windhauch streift die alten Tannen am Haus. Der grau werdende Kater schleicht durch das Gebüsch hinter dem schneeverhangenen Hügel. Nachbars Kinder spielen im Haus oben auf dem Dachboden. Ein Käuzchen schreit in der Dämmerung. Der Wind fegt mit Brausen durch die Bäume. Leises Schneetreiben nimmt die Sicht in die Ferne. – Ein grausig gellender Schrei von irgendwo.

Es ist Heiligabend, halb sechs Uhr abends, als Kommissar Görke am Kamin zur Zeitung greift, - wohlverdienter Feierabend nach hektischen Tagen. Frau und Kinder haben ihn längst verlassen. Erst jetzt spürt er die Leere, die langsam um sich greift und sein Herz frieren lässt. Seine Gedanken gleiten zurück zu glücklicheren Zeiten, als seine Kinder im Hause tobten. Wie oft störten sie seine Ruhe, wenn er müde von seiner Arbeit kam und nichts mehr sehen mochte. Nun fehlen sie ihm alle, er ihnen schon lange nicht mehr. Während er abwesend in der Zeitung blättert, lässt ihn das Schrillen des Telefons zusammenfahren.

„Görke?! – Ja, - ja - . Ich verstehe. Ich bin unterwegs." Görke legt den Hörer auf, fast erleichtert, dass man ihn braucht und er nicht die Gespenster der Vergangenheit betrachten muss.

Am Ort des Geschehens angelangt, begrüßt er seine Kollegen, die lieber zuhause bei ihren Familien wären, aber der Dienst ruft. – Nachbarn haben angerufen. Im Hause scheint alles ruhig zu sein. Breit zieht sich eine Blut- und Schleifspur vom Haus an der Straße in den nahen Wald. Im Hause brennt Licht. Niemand öffnet.

„Ihr bleibt beim Haus und sichert ab. Komm Kreuzer, ..." Görke und Kreuzer folgen der Spur, die sich in einiger Entfernung neben dem Haus entlang zieht. Eine alte Garage, halb verfallen, steht versetzt im Garten, von der Straße her uneinsehbar.

Spuren führen zum Haus und zurück, in wildem Durcheinander. Ein Kombi muss vor kurzem die Garage durch den hinteren Weg verlassen haben. Die Spuren sind noch frisch. Sturm und dichtes Schneetreiben kommen auf, machen jede Arbeit unmöglich. Man sieht die Hand nicht mehr vor Augen. Die Äste knacken gefährlich in den Bäumen. Mit donnerndem Krachen stürzt eine alte Tanne um. Sie verfehlt Kreuzer um ein Haar.

Görke betrachtet den vermoosten Stamm, der knapp über dem Boden zur Hälfte angesägt, gebrochen ist. Plötzlich muss er von Herzen lachen. Dort liegt die Leiche: Ein ausgenommenes Schaf, streng gesagt, die nicht mehr brauchbaren Reste, die beim Schlachten übrig blieben. In Eile hatte die Familie wohl nicht mehr hinter sich aufgeräumt. Görke denkt an seine Familie. Sehnsucht. Ob er es noch einmal versucht, er, der ehrgeizige, egoistische, dumme Hund? Vielleicht heute Abend? Er denkt an die strahlenden Augen der Vergangenheit. Wird er es schaffen, sie wieder zum Leuchten zu bringen? Er weiß nicht warum, aber ein Funke Hoffnung keimt auf. Er wird es versuchen, nein, er wird es tun!

„Jungs, räumt alles zusammen, ab nachhause und zwar sofort. Das ist ein Befehl und wehe, wenn ihr eure Familie noch länger warten lasst!"

DER BÜCHERWURM

Gibst du ihm die Gelegenheit, sich durch ein Buch zu nagen, so ist er unersättlich. Gut tust du daran, ihm das eine oder andere zu seinem Vergnügen zu überlassen, denn das ist es, was ihm wirklich Freude macht. Darauf vernimmst du wohl nur noch vergnügte Geräusche, die der Verdauungsvorgang einer solchen Mahlzeit bei ihm hervorruft. Er vermag dir deine gesamte Bibliothek zu verschlingen, dabei darin unsichtbar zu werden, deine Anwesenheit gar zu vergessen. Du bist ihm, wie auch ich, derweilen schon begegnet. Ein solcher Umstand sei hier beschrieben.

Eines Tages geschah es, dass ich in die Gesellschaft einiger ausgewählter Herrschaften geriet, nicht ganz zufällig, aber dennoch ein glücklicher Zufall, denn es sollte sich zeigen, dass man hier wohl Feste zu feiern verstand. Glückliche Momente des Lebens, die den Alltag verschwinden ließen. Auf seine Weise brachte ein jeder sein Bestes hervor. Nun kann man sich denken, dass es schwer fällt, diese Zeit zu missen. So ist uns allen wohl bekannt das wunderbare Haus eines honorigen Herrn, der uns des Öfteren und gerne zu sich einlud.

Hoch oben auf dem Berg, die Anfahrt im Winter ein Abenteuer, schaut die Terrasse auf das Tal, während das Feuer im Kamin prasselt, der Braten in der Küche duftet, die elegante Dame am Klavier animierend einige Stücke spielt, worauf wir uns singend dort wiederfinden. Der Hausherr, nun recht in Fahrt gekommen, holt sein Akkordeon hervor, uns alle köstlich unterhaltend. Bald sitzen wir dann wohl gelaunt zu Tische, die köstlichsten Gerichte speisend, welche bis in die späte Nacht aufgetragen werden. Ein Wohl auf diesen Herrn, der uns so gut leben lässt.

Plaudernd, speisend, trinkend, verbringen wir den Abend und fehlt ein Wort, du weißt nicht, woher es kam, sorge dich nicht, der Hausherr weiß wohl Rat, denn unermüdlich liest und liest und liest er. Und sprichst du nett ihn darauf an, so sei gewiss, er weiß dich auf das Trefflichste zu unterhalten, einem jedem Wort seine Bedeutung bis zu seiner Geburt bei zu bemessen. Doch nicht nur dessen Geburt, nein, auch den Geburtsumstand, seinen Vater, Mutter, Brüder, Paten, das ganze weite Land. Ein Wort, eine ganze Welt. Niemals traf ich einen Mann, der dies sonst vollbrachte mit so viel Witz und Humor, den ich mich Stolz und Freude einen guten Freund nennen möchte.

So sitzen wir auch heute fröhlich feiernd in dieser Runde, ihn besänftigend, erfreuend mit der Gabe unserer Bücher. Verewigt sei er hier, der Bücherwurm, der uns Vergnügen macht, er lebe hoch und viele, viele Jahre.

BÖSE FRAU, LIEBE FRAU

Wochenende. In meinem Vorgarten schneide ich Blumen für den Besuch einer lieben Freundin. Kinder kommen die Straße herunter, die ich schon eine Weile lärmen gehört habe. Ein kleines Mädchen ruft: „Böse Frau, blöde Frau, böse Frau, blöde Frau, du bist eine böse Frau,..." Sie schaut mich herausfordernd an, während sie immer wiederholend ähnliche Dinge ruft. Anlass habe ich nicht gegeben. Sie will mich herausfordern. Mir ist es nicht so angenehm. Irgendwo merke ich, dass ich gleich doch wütend werden könnte bei dieser Bosheit, aber sie ist ein kleines Mädchen. Sie will mich provozieren, um zu sehen, wer ich bin. „Soll ich Dir ein Geheimnis verraten?" frage ich. Sie schaut mich etwas verunsichert an. Dann ruft sie wieder: „Böse Frau, blöde Frau, verrat mir doch Dein Geheimnis, blöde Frau." „Ich verrate Dir mein Geheimnis: 'Wer hässliche Dinge sagt, wird später ganz hässlich und wer schöne Dinge sagt, wird später schön." „Böse Frau, blöde Frau, sag schon Dein Geheimnis, ... Lauf doch hinter mir her!"
Ein anderes kleines Mädchen fragt, was mein Geheimnis ist. Ich sage ihr, dass der, der hässliche Dinge sagt und tut, später hässlich wird und der, der schöne Dinge sagt und tut, schön wird. Sie denkt nach, sagt, dass sie immer auf einen Versprung vor meinem Haus gehen, aber dass es da auch tief runter geht und man runterfallen kann. Ich erkläre,

dass da eine Grenze ist, dass die Straße die Grenze ist und man nicht einfach über eine Grenze gehen darf. Das Grundstück gehört jemandem, da darf man nicht einfach draufgehen. Ich möchte nicht, dass sie da hinaufgehen, weil es mir gehört und sie da leicht hinunterfallen können. Es ist zu gefährlich. Sie scheint es zu verstehen, sieht mir aufmerksam zu, wie ich die Blumen schneide. Eine Hummel sitzt auf einer der Blumen. Ich puste leicht, damit sie davonfliegt. Sie fragt, warum ich das tue. Ich antworte ihr, dass in der Blume etwas zu essen für die Hummel ist, das sie haben möchte und dass sie, wenn ich wie der Wind puste, einfach davonfliegt. Dann will sie wissen, warum ich die Blumen abschneide. Ich sage, dass die für eine liebe Freundin sind, die sich darüber freut, dass ich immer nur so viele Blumen abschneide, dass es immer noch schön aussieht und ich mich und die anderen Menschen, die vorbeigehen, daran freuen können. Sie ist beeindruckt. „Ich heiße Anna", sagt sie, „und wie heißt Du?" „Ich heiße Merx". Das scheint ihr nicht viel zu sagen. „Ich bin Flora, Flora Merx." Sie sieht mich mit großen Augen an und scheint zufrieden. Das erste Mädchen ist etwas beiseite gegangen, ruft weiter. Nachdem ich mich verabschiedet habe, gehe ich ins Haus.

Während ich die Blumen versorge, denke ich über die Geschichte nach. Ich weiß, dass das erste Mädchen unglücklich ist. Sie hat erwartet, dass ich schimpfe und versuche, sie zu erwischen. Dann erinnere ich mich an die Schokolade, die ich im Kühlschrank aufgehoben habe und beschließe, sie an die Kinder zu verteilen. Lange Zeit höre ich nichts mehr, dann sind sie wieder auf der Straße vor dem Haus. Ich nehme drei Tafeln Schokolade mit, für jedes Kind eine. „Anna, heute ist ein ganz besonderer Tag, weißt Du das?" Anna bejaht ernsthaft. „Heute ist ein besonderer Tag, weil wir uns kennengelernt haben", meine ich und verteile die Schokolade. Sie freuen sich. „Ich heiße Andreas", sagt der Junge. Alle Kinder stellen sich vor. Ich muss schmunzeln. Es ist wirklich zu schön. Das erste Mädchen sagt nun: „Jetzt bist Du keine böse Frau. Du bist eine ganz liebe Frau." Inzwischen ist es ein Kind mehr geworden. Ich mache den Vorschlag, dass sie die 3 Tafeln zwischen vier teilen, aber das ist schwierig. „Ich habe noch Schokolade. Ich hole noch eine Tafel." Drei Tafeln Vollmilchschokolade. Die restliche Schokolade ist weiß. Es bleibt nichts anderes. Ich nehme die Weiße mit. Jetzt wird es schwierig. Wer bekommt die Weiße? Wir müssen verhandeln. Wer will tauschen? Wer mag lieber Braune, wer lieber Weiße? Bald haben wir eine Lösung gefunden. Glücklich und zufrieden gehe ich ins Haus.

ERDÄPFEL

Sonntagabend. Es klingelt an der Haustür. Ein kleiner Junge steht mit einer Plastiktüte in der Hand davor. „Wollen Sie Kartoffeln kaufen?" Ich bin erstaunt und frage nach. Ja, er will Kartoffeln verkaufen. 10 Pfennig das Stück für die Dicken. Es sind dicke und kleine Kartoffeln darin. Ich finde die Idee gut, lächle ihn an und sage: „ich nehme alle", frage, wie viel er dafür haben will. Eine Mark will er haben. Oben an der Straße wartet ein etwas älteres, auch noch kleines Mädchen. „Wollen Sie meine Kartoffeln auch kaufen?" Sie kommt herunter. Woher sie die Kartoffeln haben? „Auf dem Feld aufgesammelt." „Ich nehme alle. Was bekommst Du dafür?" „Vier Mark." Ihr kleiner Eimer ist halb voll. Sie beginnt, ihre Kartoffeln in die Tüte des Jungen zu kippen. Er nimmt plötzlich mittendrin seine Tüte weg, will gar nichts mehr verkaufen, seine und ihre Kartoffeln, die schon in der Tüte sind, für sich behalten. Das Mädchen ist empört. „Da sind meine Kartoffeln drin. Die musst Du mir wiedergeben." Er weigert sich. „Wenn Du sie behalten willst, musst Du sie bezahlen. Die habe ich aufgesammelt." Ihre Kartoffeln sind nur noch zur Hälfte im Eimer. Nach anfänglichem Weigern gibt er etliche ihrer Kartoffeln zurück. Ich gebe ihr eine neue Tüte zum Einfüllen. „Wie viel bekommst Du jetzt?" „Drei Mark." Als ich ihr das Geld gebe, freut sie sich. „Sie sind ganz frisch, gleich vom Feld."' Sie hat schon vorher drei

Mark eingenommen. „Jetzt habe ich so viel Geld", meint sie. „Wenn Du so fleißig bist, hast du es auch verdient", antworte ich und freue mich über ihre Tüchtigkeit. Der Junge behält seine Kartoffeln. Ob ihm seine Kartoffeln so viel wert erschienen sind, dass er lieber alle und noch mehr behalten hat, weil ich alle abkaufen wollte? Nur Kartoffeln?

ANHANG

STIMMEN ZU *PAUL*:

Ganz schön traurig. Gegen alle Widerstände, das erinnert mich an meine Sache, dass ich mich doch so entschieden hab und das mit dem Geld und seine Mutter, ... Es hat auch zum Nachdenken hinter sich. Er hat ja eine beachtliche Geschichte hinter sich, dass er nicht nur an sich denkt, auch an seine Geschwister, seine Mutter und dass er nicht bei der reichen Frau bleibt, sondern zurück geht zu seiner Familie, ..., da wo er hin gehört und auch was er dann geschafft hat. Dass Geld nicht alles ist, ... Ich hätte mich nicht anders, hätte mich genau, wie er entschieden. Auch wenn es kurz ist, es sagt, genau die Dinge, die auch heute wichtig sind. (weint) Er hätte ja auch sagen können, ich nehm das Geld, die Frau und hab ein schönes Lotterleben, aber für Geld kann man nicht alles kaufen, vor allem nicht die Familie, die Mutter, ... (w, 22 J.)

Nachdenklichkeit. Wie so ein Leben so läuft. Es ist nicht mit meinem Leben zu vereinbaren, aber so könnte ja auch ein Leben von mir sein. (m, 23 J.)

(weint) Es fing so traurig an, aber er hat nie aufge-
geben und er hatte dann doch ein glückliches Le-
ben, … . (w, 28 J.)

Nie aufgeben, … . (m, 50 J.)

Schön, sehr gut. Im Moment sind wir ja auch in ei-
ner solchen Situation. Es holt die traurigen Gefühle
hoch, die Angst davor, was jetzt kommen mag. Man
weiß, dass es nicht nur nach unten geht, sondern
dass es auch wieder nach oben geht, aber wann.
Wir haben über Nachwuchs nachgedacht, aber das
ist jetzt abgehakt. Ich würde es noch riskieren, aber
mein Mann will es nicht. Einerseits verstehe ich es.
Man hat dann noch mehr Sorgen, aber es gibt nie
eine gute Zeit dafür. (w, 27 J.)

Gut. Das ist einer, der sich ziemlich durch sein Le-
ben gebissen und trotz der Not nicht aufgegeben
hat und der trotz dem Reichtum, den er hätte haben
können, wieder zurück gekehrt ist. Das würde heute
keiner mehr machen. Ich wär auch so. Und dass er
nie aufgegeben hat.   (m, 46 J.) Man zieht einen
Vergleich mit einem selber.

… das könnte ich ja so sein. Dass Geld nicht das
Wichtigste ist. Liebe finde ich schön und dass man
etwas macht für Menschen. Dass die Mutter ihn
zurück geholt hat, (weint) …, dass er seinen Weg
gegangen ist. Ich habe ja auch eine Mutter, die ich

liebe und mich immer wieder zum Leben erweckt, … . (weint) Habe mich mal selbständig gemacht, auch selbst etwas versucht. Ich bin nicht zum glücklichen Ende gekommen, aber trotzdem geb ich ja nicht auf und es geht weiter, … . Ich lasse nicht den Kopf hängen. Nicht aufgeben und wissen, wo man herkommt. Nie vergessen, wer einem Gutes tut und wer nicht und dass man denen gerne gibt, die einem auch gegeben haben. (m, 42 J.)

… irgendwie rührend, dass er wieder zurückkommt, sich um seine Mutter kümmert, sich Armut und Elend eher hingibt, als im Reichtum zu leben, dass er etwas erreichen und stolz auf sich sein will und dass er die ganze Zeit immer nur gekämpft hat, ist beneidenswert. Er hat nie aufgegeben, schon als Kind nicht. Was seine Mutter gemacht hat, die mit den Nadeln an seine Fußsohlen gegangen ist, hat er weiter gemacht. Es macht halt schon irgendwie nachdenklich. Man sollte immer überlegen, was man selber halt will und es so durchziehen, was man vorhat und sich nicht von anderen auf Abwege bringen lassen. Man soll sich selbst treu bleiben. (w, 30 J.)

… Mittelding zwischen Mitleid, Fleiß und gescheitert sein. Er hätte seine Probleme gelöst haben können, ist seinem Verstand nicht gefolgt, ging zu seiner Mutter, heiratete das arme Mädchen. Es waren ja auch 2 Depressionszeiten dabei. Andererseits hat er sich immer was einfallen lassen, die Nähmaschine zur Säge umgebaut, aber immer einfach gelebt, … . M, 34 J .

… Eigentlich ist alles gut gelaufen, außer den Kriegsjahren, aber er war glücklich, hat seine Liebe geheiratet und alles gut gemeistert, obwohl alles so schwierig angefangen hat und er ist 84 J. geworden, … Heute bekommen die Kinder alles, aber Liebe und Aufmerksamkeit nicht. Wir hatten Zuckerbrot und Wasser, aber wir sind glücklich groß geworden. (w, 57 J.)

… Leben und Tod oder Wachstum. Das Wachstum von dem Paul, wie er aufgewachsen ist. Mal hat er Geld, dann wieder nicht, dann hat er seine Liebe geheiratet und 10 Kinder. Was soll man dazu sagen? Er hat ein gutes Leben gehabt, wahrscheinlich. (w, 42 J.)

…. Es geht mir, glaube ich, gut. Es ist traurig. Das finde ich wirklich traurig. Da geht es mir wirklich gut. Man muss das, was man hat, zu würdigen und zu schätzen wissen. Ich habe immerhin Arbeit, ein Dach über dem Kopf, ich habe Freunde, … . Er hat sich ja immerhin etwas aufgebaut und dass er so alt geworden ist, zu der Zeit, … . So viel sei gesagt, harte Arbeit bringt einen nicht um. (w, 33 J.)

Bewundernswert, wie er das so, ... Als Schwester hätte ich mich sehr gefreut, so einen Bruder zu haben. Er ist einen Weg gegangen, ihm treu geblieben und war wohl glücklich, sonst hätte er nicht 10 Kinder bekommen. Geld macht nicht glücklich. Ich bin ja in ein gemachtes Nest hinein geboren. Da lebt man unbeschwerter. Wenn ich eine Waschmaschine brauche, kann ich sie kaufen und muss keinen Kredit aufnehmen. (w., 28 J.)

Einfach ständiger Kampf und auch nicht anders können, wenn man einen anderen Weg angeboten bekäme. Man kann dann trotzdem nicht ausscheren aus dem Leben, das einem bestimmt ist. Klar, ich ziehe mich auch immer wieder aus Miseren raus. Wofür der ganze Quatsch? Sie hätte ihn einfach sterben lassen können, als Kind, ... Da wär es noch unbedeutend gewesen für das Kind, ... m., 32 J.

Das ist schon eine Lebensgeschichte. Etwas Traurigkeit und dann auch Erinnerungen, die wir ja auch mitgemacht haben, nicht so extrem, wie dort und dass man sich durchs Leben beißen muss. Da kommt man nicht drum herum. Ich habe auch schon Überlegungen angestellt, dass man zu Notzeiten glücklicher war, als jetzt, wo man alles hat. Warum kann man nicht glücklich sein? (m., 64 J.)

Dass der Mann, obwohl er arm war, relativ zufrieden war. Er hat zumindest immer weiter gemacht, sich nicht hängen lassen und versucht, das Beste aus seinem Leben zu machen. Er ist zu seinen Wurzeln zurück und hat seine Bestimmung gefunden. (m., 22 J.)

DIE AUTORIN

Edeltraud Schmidt, 1948 geboren in Ratingen.

Nach einer Verwaltungsausbildung, nachfolgend Abitur am Abendgymnasium der Stadt Düsseldorf, studierte sie Psychologie mit klinischer Ausrichtung an der Heinrich-Heine-Universität Düsseldorf, der man zu dieser Zeit noch diesen Namen verweigerte. Seit 1980 arbeitet sie als Psychologische Psychotherapeutin in eigener Praxis.

Bisher veröffentlicht wurden Sprach-CD's zur Tiefenentspannung.

SPANNUNGBOGEN ist ihr erstes Buch.